Vorwort

Erst langsam beginnt die Archäologische Denkmalpflege zu begreifen, daß durch die fortschreitende Bodenerosion ganze Landstriche zur „Archäologischen Wüste“ werden. Strategien, dem zu begegnen, werden kaum entwickelt, noch immer stehen aktuelle Baumaßnahmen als Auslöser für Notgrabungen im Mittelpunkt des Geschehens. Langsam beginnt die Landwirtschaft zu verstehen, was sie mit modernen Anbaumethoden angerichtet hat, sie beginnt um ihren zukünftigen Ertrag zu bangen und Gegenmaßnahmen zu entwerfen. Ist doch bei einem jährlichen Bodenabtrag von etwa einem halben Zentimeter in den fruchtbaren Lößgebieten des Kraichgaus die deckende Humusschicht schon weitgehend entfernt, der Lößlehm beseitigt und der anstehende Rohlöß in weiten Gebieten angepflügt. Die Umformung der heutigen Landschaft durch Flurbereinigung und Anbaumethoden ist enorm und der Denkmalpflege erst durch den systematischen Einsatz der Luftbildarchäologie so richtig bewußt geworden. Diese gab Anstoß zu großflächigen Ausgrabungen in den Lößflächen, also in den anerodierten Gebieten, während beispielhaft in verschiedenen Kleinräumen wie dem Hegau oder um Rottenburg die Kolluvien untersucht wurden. Hieraus ergeben sich immer mehr Hinweise darauf, daß auch schon der vorgeschichtliche Mensch durch seine Siedeltätigkeit entscheidend nicht nur in Vegetation und Tierwelt, sondern auch in die Gestalt der damaligen Landschaft eingegriffen und sie verändert hat.
Solche erste und noch recht unsystematische Beobachtungen zusammenzutragen und zu bündeln war Sinn eines am 5. und 6. Mai 1994 in Bruchsal abgehaltenen Kolloquiums. Von seiten der Vegetations- und Klimageschichte, der Botanik, der Bodenkunde sowie verschiedener Ausgräber sollten Beobachtungen zur Thematik zusammengetragen, vorgestellt und diskutiert werden. Hierbei zeigten sich außerordentlich interessante Ansätze, es wurde aber auch deutlich, daß die systematische Erforschung von geeigneten Kleinräumen in dieser Frage große Erfolge verspricht. Dem Zusammenspiel zwischen Erosion und Aufsedimentierung als Folge menschlicher Siedeltätigkeit interdisziplinär nachzugehen wird sich für viele Bereiche der Wissenschaft lohnen. Das Verständnis einer prähistorischen Landschaft ist Voraussetzung für

die Rekonstruktion der Siedlungs- und Wirtschaftsbedingungen der damaligen Bewohner, könnte aber auch für heutige Überlegungen, wie mit der Landschaft umgegangen werden soll, durchaus nützlich sein.
Die Leitung der Veranstaltung in Bruchsal hat Professor Dr. J. Lüning übernommen, der für diese Zusammenfassung auch eine Einleitung verfaßt hat. Ihm sowie den Referenten, die ihre Artikel für diesen Bericht zur Verfügung gestellt haben, sind wir zu Dank verpflichtet. Dem Verlagsbüro Wais & Partner danken wir für die Drucklegung dieses Heftes.
Die Thematik des Kolloquiums ist es wert, weiter verfolgt zu werden, und wir hoffen, daß durch zukünftige systematische Untersuchungen neue Ergebnisse erzielt werden können.

Stuttgart, im April 1995 *Jörg Biel*

Landesdenkmalamt Baden-Württemberg

Anthropogene Landschaftsveränderungen im prähistorischen Südwestdeutschland

Kolloquium des Arbeitskreises
Vorgeschichte der Archäologischen Denkmalpflege
am 5. und 6. Mai 1994 in Bruchsal

Herausgegeben von J. Biel

Mit Beiträgen von
Rolf-Heiner Behrends, Jörg Biel, Klaus E. Bleich,
Bodo Dieckmann, Andreas Lang, Jens Lüning,
Claus-Joachim Kind, Hartmann Reim,
Hans Smettan und Richard Vogt

Stuttgart 1995

Archäologische Informationen aus Baden-Württemberg. Heft 30.
Herausgegeben vom Landesdenkmalamt Baden-Württemberg.

Bezug durch die ‚Gesellschaft für Vor- und Frühgeschichte
in Württemberg und Hohenzollern'
Silberburgstraße 193
70178 Stuttgart

Die Deutsche Bibliothek – CIP-Einheitsaufnahme

Anthropogene Landschaftsveränderungen
im prähistorischenSüdwestdeutschland:
Kolloquium des Arbeitskreises
Vorgeschichte der Archäologischen Denkmalpflege
am 5. und 6. Mai 1994 in Bruchsal /
Landesdenkmalamt Baden-Württemberg.
Zsgest. von J. Biel. Mit Beitr. von Rolf-Heiner Behrends... -
Stuttgart: Ges. für Vor- und Frühgeschichte
in Württemberg und Hohenzollern, 1995
(Archäologische Informationen aus Baden-Württemberg; H. 30)
ISBN 3-927714-26-7
NE: Biel, Jörg (Hrsg.); Behrends, Rolf-Heiner;
Arbeitskreis Vorgeschichte
der Archäologischen Denkmalpflege;
GT

Produktion: Verlagsbüro Wais & Partner, Stuttgart
Druck: Gulde Druck, Tübingen
Printed in Germany. ISBN 3-927714-26-7
Stuttgart 1995

Inhalt

Einleitung *(Jens Lüning)* 7

Pollendiagramme als Belege anthropogener Landschafts-
veränderungen im prähistorischen Württemberg
(Hans Smettan) 9

Bodenumlagerung in prähistorisch besiedelten Landschaften
Süddeutschlands *(Klaus E. Bleich)* 15

Beobachtungen zu Erosionserscheinungen vorgeschicht-
licher Zeit im südlichen Kraichgau *(Rolf-Heiner Behrends)* . 21

Lumineszenzdatierungen holozän umgelagerter Sedimente
im Kraichgau *(Andreas Lang)* 23

Schwarzerdebildung und -zersetzung *(Jörg Biel)* 26

Archäologische Beobachtungen zur Bodenerosion
im Hegau *(Bodo Dieckmann)* 28

Archäologische und bodenkundliche Beobachtungen
zu Bodenerosion und Akkumulation in Hornstaad
am Bodensee *(Richard Vogt)* 44

Älterholozäne Sedimentation und Besiedlung in der Talaue
des Neckars bei Rottenburg, Kreis Tübingen
(Claus-Joachim Kind) 49

Archäologie und Sedimentation in der Talaue des Neckars
bei Rottenburg, Kr. Tübingen. Die ältestbandkeramische
Siedlung im „Lindele“ *(Hartmann Reim)* 54

Verzeichnis der Autoren 60

Einleitung

Vom Menschen bewirkte Landschaftsveränderungen sind erst seit dem Neolithikum bekannt, seit dem Beginn der Landwirtschaft, und das heißt in Mitteleuropa seit rund 7500 Jahren. Die frühen Bauern und alle späteren brauchten den Boden für den Anbau ihrer Kulturpflanzen und die örtliche Vegetation als Nahrungs- und Rohstoffquelle sowie zur Ernährung ihres Viehs; die wichtigsten Eingriffe betrafen also die Pflanzenwelt. Nimmt man die stets mehr oder weniger intensiv betriebene Jagd hinzu, so war es die belebte Natur, die in erster Linie die Folgen des menschlichen Wirtschaftens zu tragen hatte.

Aber auch die unbelebte Natur erfuhr Veränderungen, direkt als Rohstofflieferant, etwa beim bergmännischen Abbau von Feuerstein und Felsgestein im Neolithikum, später von Kupfer, Zinn, Eisen und Glas und vielerlei anderen Mineralen und Erzen. Die indirekten Bodenveränderungen waren jedoch wesentlich ausgedehnter und insgesamt schwerwiegender, wenn man die Erosion bedenkt, die überall dort ansetzte, wo die Vegetation massiv gestört wurde, also auf Rodungs-, Siedlungs- und Feldflächen. Die dort abgetragenen Böden und Unterböden bedecken heute als Kolluvien die Unterhänge des Hügellandes und als Alluvien, häufig als Auenlehme, die Talböden. Sie haben so das Rinnensystem des Gewässernetzes viele Meter hoch aufgefüllt und einen bis heute anhaltenden, deutlich spürbaren Reliefausgleich der ehemals stärker bewegten Landschaften zustande gebracht, insbesondere in den Becken und Gebirgen der Mittelgebirgszone. Doch nicht nur die Verfrachtung von Material veränderte Relief und Böden, die Landwirtschaft hat auch bodenchemische Reaktionen hervorgerufen, beispielsweise die Podsolbildungen unter Heidevegetation, die schon seit dem jüngeren Neolithikum im norddeutschen Raum zu beobachten sind, und eine durch Entwaldung und Beweidung eingeleitete Bodenverarmung anzeigen. Nicht zuletzt schufen Entwaldung und Ackerbau große Freiflächen und beeinflußten, zumindest lokal, das Klima, schufen also neue Kleinklimate, die ihrerseits wieder Vegetationsveränderungen bewirkten.

War also die landwirtschaftliche Besiedlung und Wirtschaft auslösender Faktor für alle diese Veränderungen, so hing deren Intensität im wesentlichen von der Bevölkerungsdichte ab. Die Forschung hat allgemein noch große Probleme, demographische Fragen der Vergangenheit präzise zu lösen. Eine direkte Quelle könnte das ehemalige Siedlungsnetz sein, doch fehlt es in der Regel an verläßlichen Untersuchungen zu Erhaltung und Verlust der Siedlungen in ganzen Landschaften. Hierzu wären flächendeckende Intensivprospektionen an bekannten Fundstreuungen nötig, abgesichert durch bodenkundliche Kartierungen und das ganze Arsenal geophysikalischer und bodenchemischer Untersuchungsmethoden. Die Bilanzierung des in die Talauen verfrachteten Bodenmaterials und seine Datierung sollten eine wichtige Kontrollmöglichkeit für die siedlungskundlichen

Ergebnisse darstellen, ebenso natürlich die archäobotanischen Untersuchungen.

Das übergeordnete Ziel einer Forschung über anthropogene Landschaftsveränderungen sollte also darin liegen, vor- und frühgeschichtliche Kulturlandschaften zu rekonstruieren. Kulturlandschaften bestehen aus dem Gesamtsystem menschlicher Siedlungen, Wirtschaftsflächen und Verkehrsverbindungen. Sie verändern, wie beschrieben, Vegetation, Fauna, Böden, Relief und Kleinklima und werden ihrerseits im Sinne einer Rückkoppelung von diesen selbstgeschaffenen Veränderungen zu erneuten Anpassungsschritten gezwungen. Auf dieses dynamische Wechselspiel wirken außerdem autonome Schwankungen des Großklimas und lineare Prozesse wie die Bodenentwicklung fördernd oder hindernd ein. Daher müssen sowohl möglichst feinchronologische, kulturelle Phasenbilder (synchrone Zeitscheiben) als auch diachrone Abfolgen erarbeitet werden, um langfristige Interaktionsprozesse und Mechanismen zum Kultur- und Landschaftswandel beschreiben zu können.

Ein derartiges Forschungsprojekt kann nur in höchstem Grade interdisziplinär betrieben werden, als eine Gemeinschaftsarbeit von archäologisch-historischen und geowissenschaftlich-biologischen Fächern im weitesten Sinne. Diese Ausgangslage kommt auch im Spektrum der hier veröffentlichten Beiträge des Bruchsaler Kolloquiums zum Ausdruck, ein Ansatz, der weiter verfolgt werden sollte.

J. Lüning

Pollendiagramme als Belege anthropogener Landschaftsveränderungen im prähistorischen Württemberg

Das Ausmaß der Rodungen in den verschiedenen Kulturepochen

Wer Ackerbau betreiben will, braucht Boden mit Nährsalzen, Wasser, günstige klimatische Voraussetzungen und – nicht zuletzt – Licht. Denn nur mit Hilfe des Sonnenlichtes können grüne Pflanzen Photosynthese betreiben, das heißt, Nährstoffe aufbauen. Deshalb war es im von Natur aus bewaldeten Mitteleuropa notwendig, offene Flächen zu schaffen, also zu roden, wenn man Kulturpflanzen anbauen wollte. Hierdurch nahm der Anteil der blühenden Bäume ab, während verschiedene Kräuter und Stauden verstärkt Pollen bilden konnten. Diese Veränderungen in der Blütenstaubzusammensetzung sind in den Ablagerungen von Mooren und Seen „archiviert“ und können heutzutage mit Hilfe der Pollenanalyse erkannt werden.

Abb. 1 zeigt die Menge des Nichtbaumpollens während verschiedener Kulturepochen von vier Untersuchungspunkten in Baden-Württemberg: Lauffen a. N. im mittleren Neckarland, Breilried bei Haigerloch im oberen Neckarland, Kupfermoor auf der Haller Ebene und Rötenbach auf der Ostalb. Leider traten aus methodischen Gründen mehrere Schwierigkeiten auf, so daß die Werte nur als vorläufige Hinweise verstanden werden dürfen. Es sei darauf hingewiesen, daß aufgrund des Vergleiches der jüngsten Proben mit dem aktuellen Waldanteil die tatsächliche Auflichtung etwa doppelt so groß war, wie die schwarzen Flächen angeben.

Zuerst muß man bemerken, daß es kein allgemein für Baden-Württemberg gültiges Bild gibt. Zu groß sind die Unterschiede im Lande in bezug auf Boden und Klima. Einstweilen kann man nur festhalten, daß bis zur vorrömischen Eisenzeit selbst in be-

Abb. 1 Der Anteil der Nichtbaumpollen (schwarze Fläche, bezogen auf die Gesamtpollensumme) gibt einen Hinweis auf das Ausmaß der Rodungen. So erkennt man deutlich den hohen Nichtbaumpollenanteil während der römischen Kaiserzeit in Lauffen. Der starke Rückgang in der Alamannenzeit belegt nicht nur die Wiederbewaldung, sondern gleichzeitig eine Siedlungsunterbrechung.

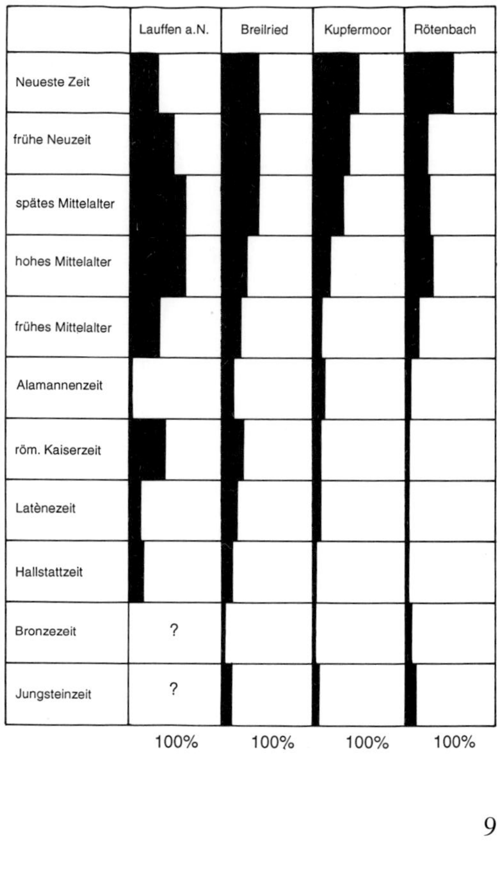

günstigten Gebieten die Rodungen oft nur punktuell, kleinflächig und zeitlich begrenzt waren. Bezieht man deshalb den Nichtbaumpollenanteil auf den jeweils ganzen Zeitraum der einzelnen Kulturepochen, ergeben sich noch ziemlich geringe Auflichtungswerte. Erst von den Kelten und insbesondere während der römischen Kaiserzeit (Lauffen und Breilried) wurde in größerem Umfang gerodet und die Landschaft durch Ackerbau überformt.

Auf eine Wiederbewaldungsphase während der Völkerwanderungszeit, die sich in vielen Pollendiagrammen (Lauffen und Breilried) deutlich abzeichnet, folgen im frühen Mittelalter erneute Rodungen. Sie greifen im hohen Mittelalter auch auf die ungünstigen Gebiete über, so auf die feuersteinlehmbedeckte Hochfläche des Albuchs (Rötenbach). Nur Steilhänge, Moore und wenige andere Standorte konnten sich seitdem der menschlichen Nutzung entziehen. Für die letzten zweihundert Jahre (Neueste Zeit) ist es schließlich kennzeichnend, daß einzelne Flächen wieder aufgeforstet, dagegen in anderen Gebieten lichte Hudewälder in Grünland umgewandelt wurden.

Die Auswirkungen der Rodungen

Bodenverfrachtungen

Wenn man sich das Pollendiagramm vom Sersheimer Wiesenmoor aus dem mittleren Neckarland ansieht (Smettan 1986), erkennt man ab 64 cm Tiefe, das heißt ab dem Mittelalter, starke Eingriffe in den Baumbestand sowie deutliche Hinweise auf Ackerbau und Viehhaltung. Zur gleichen Zeit nimmt der Aschegehalt des Torfes in dieser Doline zu. Dies läßt sich nur so erklären, daß durch die menschliche Siedlungstätigkeit Bodenmaterial in das Moor eingeweht wurde. Daß dies kein Einzelfall ist, zeigen entsprechende Befunde aus dem Kupfermoor bei Schwäbisch Hall (Smettan 1988), wobei jedoch ein mineralischer Eintrag schon ab der Latènezeit feststellbar ist. Natürlich erhöht sich der mineralische Anteil im Sediment besonders stark, wenn Bodenmaterial eingeschwemmt werden kann. Während der Aschegehalt in den beiden genannten Dolinen durch die Siedlungstätigkeit auf etwa 60% anstieg, erreichte er in einem Erdfall bei Eberdingen-Hochdorf (Smettan 1991), zu dem von den nahegelegenen Feldern ein alter Entwässerungsgraben führt, über 95%. Auch die Auenlehme, die in Göppingen an der Fils (Smettan 1992) und in Lauffen am Neckar (Smettan 1990) untersucht wurden, bildeten sich überwiegend aus abgespülten Böden in den Zeiten intensiven Ackerbaus.

Florenwandel durch veränderten Lichthaushalt

Kehren wir nochmals zum Sersheimer Wiesenmoor zurück. Mit dem Beginn einer jungsteinzeitlichen Siedlungsphase um 4925 v. Chr. tritt plötzlich Blütenstaub von Wasserpflanzen auf, der zweihundert Jahre später mit dem Ende der Siedlung wieder verschwindet. Ursprünglich vermutete ich, daß die damaligen Siedler das Gewässer in der Doline aufgestaut hätten, so daß sich Froschlöffel (Abb. 2), Rohr- und Igelkolben einstellen konnten. Jetzt aber glaube ich, daß allein die Rodungen um das einstige Sersheimer „Wiesenseele“ die Lichtverhältnisse so verbesserten, daß diese Pflanzen blühen konnten. Deshalb verschwinden sie nämlich im Pollendiagramm wieder zeitgleich mit der Wiederbewaldung nach dem Siedlungsende.

Ein weiteres Beispiel, wie sich die Flora durch Erhöhung des Lichtangebotes veränderte, zeigen die Untersuchungen in der alten Lauffener Neckarschlinge (Smettan

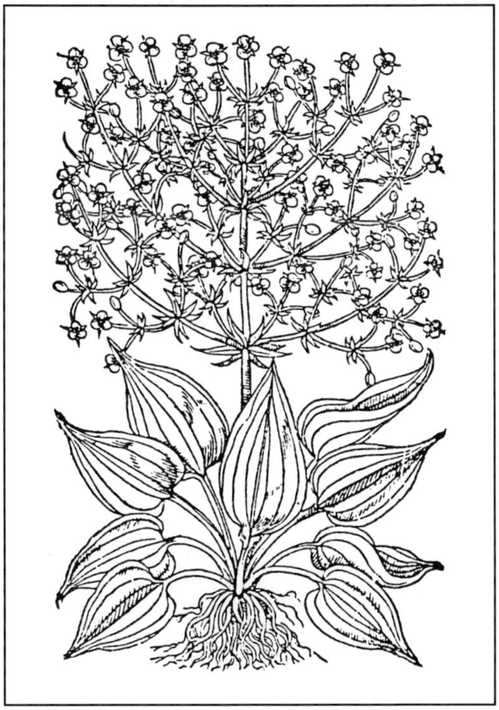

Abb. 2 Durch Rodungen vergrößerte sich das Lichtangebot, so daß sich andere Pflanzen einstellten, z. B. der Froschlöffel, der hier nach dem umfangreichen Werk von J. Th. Tabernaemontanus (1731) abgebildet ist. Sein subfossiler Blütenstaub konnte sowohl in der alten Lauffener Neckarschlinge als auch in verschiedenen Gipskeuperdolinen während der Rodungsphasen verstärkt nachgewiesen werden.

1990): Als die Römer den Erlenauenwald rodeten, stellten sich als Ersatzgesellschaften Naßwiesen, Seggenriede und Röhrichte ein. Das wiederholte sich, als im frühen Mittelalter das Gebiet erneut besiedelt wurde.

Moorwachstum durch veränderten Wasserhaushalt

Das Fällen von Bäumen erhöht nicht nur das Licht-, sondern auch das Wasserangebot für die Flora, da die Verdunstungsrate (Transpiration) eines Waldes bedeutend höher ist als die von Grünland. Auf sauren und wasserstauenden Böden gelingt es dadurch, den Torfmoosen sich auszubreiten und damit das Moorwachstum horizontal und vertikal zu beschleunigen, wie dies für die Rauhe Wiese auf dem Albuch (Smettan, 1995) festgestellt wurde.

Im Nordschwarzwald kam es – bei bedeutend höheren Niederschlägen – zur gleichen Zeit (Radke 1973: 107) zu starkem Torfwachstum auf den Missenmooren und zur Entwicklung der Grindenmoore. Torfbildung kann aber auch durch verschlechterte Entwässerung ausgelöst werden: Auf den Weiherwiesen (Albuch) entstand in der zweiten Hälfte des 16. Jahrhunderts ein kleines Moor (Smettan, 1995), als durch die Anlage eines Weihers die Abflußverhältnisse in dieser Senke ungünstiger wurden. Wegen des höheren Grundwasserstandes konnte nämlich das organische Material nicht mehr vollständig abgebaut werden, und die Vertorfung setzte ein.

Die Zerstörung des natürlichen Waldbildes

Selbstverständlich veränderte sich auf den gerodeten Flächen das Landschaftsbild zusätzlich durch die unterschiedliche Bewirtschaftungsweise und die Ausbreitung der Unkräuter. Aus Platzgründen soll hier aber nur auf die übriggebliebenen Wälder eingegangen werden.

Schädigung einzelner Baumarten durch Schneiteln

Verfolgt man im Pollenschaubild vom Sersheimer Wiesenmoor (Smettan 1986) zwischen 186 und 180 cm Tiefe – also während der jungsteinzeitlichen Siedlungsphase – die Kurven von Ulme und Esche, so zeigt sich, daß bei ersterer der Pollenanteil ab-, bei der Esche dagegen zunimmt. Dies war

Abb. 3 Fast vergessen ist eine jahrtausendealte Waldnutzungsform, das Schneiteln. Wie diese mittelalterliche Abbildung zeigt, werden dabei die belaubten Äste abgeschlagen, um das Vieh zu füttern. So wurde schon in der Jungsteinzeit der Wald in der Umgebung der Siedlungen verändert.

eine Folge der damaligen Waldnutzung: Zur Fütterung des Viehs wurden belaubte Äste abgeschlagen, das heißt die Gehölze wurden geschneitelt (Abb. 3). Da aber die Ulme nur an vorjährigen oder älteren Trieben Blüten entwickelt, nimmt ihr Blütenstaub durch das Schneiteln stark ab,

Abb. 4 Energieverbrauchende Verfahren wie die Salzsiederei in Schwäbisch Hall oder die Eisenverhüttung auf der Ostalb ließen schon in vorgeschichtlicher Zeit birkenreiche Niederwälder aufkommen. Der aus dem 16. Jh. stammende Holzschnitt von G. Agrcola zeigt, wie die Sole in großen, eisernen Töpfen gesiedet wird.

während das Blühen der Esche durch diese Maßnahme gefördert wird.

Der Niederwald

Eine eigenartige Veränderung in der Baumpollenzusammensetzung bemerkt man in den Profilen aus dem Kupfermoor bei Schwäbisch Hall (Smettan 1988). In 32 cm Tiefe – also mit dem Beginn der Latènezeit – muß die Buche die Vorherrschaft an die Birke abtreten, ohne daß sich größere Auflichtungen für Ackerbau und Viehhaltung nachweisen ließen. Die Birke kann sich jedoch bei den gegenwärtigen Klimabedingungen nur durchsetzen, wenn etwa alle zehn bis zwanzig Jahre abgeholzt wird, bevor die Buche die Birke überwächst und Samen bilden kann. Das heißt, hier ist pollenanalytisch belegt, wie durch umfangreiche und regelmäßige Brennholzgewinnung aus einem naturnahen Buchenwald ein Birkenniederwald entstand.
Wozu wurde in der Haller Ebene so viel Heizmaterial benötigt?
Die Lösung liegt im Namen des Gebietes: Es sind die Salzquellen im heutigen Schwäbisch Hall. Warum solche großen Holzmengen zur Salzgewinnung gebraucht wurden, wird verständlich, wenn man bedenkt, daß hier das „weiße Gold“ nicht bergmännisch abgebaut wurde, sondern als Sole austrat und deshalb eingedampft werden mußte (Abb. 4). Ähnliche Niederwälder entstanden in vorgeschichtlicher Zeit auf der Ostalb wegen der Gewinnung von Holzkohle zur Eisenerzverhüttung (Smettan, 1995).

Der Mittelwald

Im schon mehrfach vorgestellten Pollendiagramm vom Sersheimer Wiesenmoor zeigt sich ab dem hohen Mittelalter eine unnatürliche Pollenzusammensetzung: Die Eichenwerte erreichen bis zu 50% der Gesamtpollensumme, während die der Buche auf 2% absinken. Auch fehlen im Gegensatz zum Atlantikum die Edellaubhölzer Esche, Ahorn und Ulme fast vollständig im Pollenniederschlag.
Der Grund liegt wiederum in einer bestimmten Waldnutzungsform. Im Gegensatz zur Jungsteinzeit wurde jetzt das Vieh in die Wälder getrieben. Dazu mußten die Schattbaumarten, so auch die Buche, gefällt werden, da unter ihnen Gräser und Kräuter zu schlecht wachsen. Einzelne Eichen wurden dagegen als Bannraitel ge-

Abb. 5 In dem berühmten Kräuterbuch von Hieronymus Bock aus dem Jahr 1556 findet man diesen reizvollen Holzschnitt von D. Kandel. Er weist auf die besondere Bedeutung der Eiche als Mastfutterlieferant für Schweine hin. Durch die bewußte Schonung dieser Baumart und die Entfernung aller Schattholzarten entstanden ab dem Mittelalter lichte Eichenhudewälder, in denen das Vieh weidete, aber auch Feuer- und Bauholz geschlagen wurde.

schont, da man sie als Bauholz und für die Eichelmast der Schweine benötigte (Abb. 5). Die nachwachsenden Gehölze, meist anspruchslose, ausschlagfreudige „Pionierarten" wie Salweide, Zitterpappel und Hasel wurden alle 15 bis 30 Jahre zur Brennholzgewinnung geschlagen. Im Diagramm erkennt man auch, wie sich allmählich in immer stärkerem Maße Pflanzen der nährstoffarmen Böden, zum Beispiel Heidekraut und Wachtelweizen, ausbreiten konnten. Dies ist ein Hinweis, daß außerdem die Böden verhagerten. Als Folge entstanden selbst im Neckarland große Waldblößen („holzleere Platten").
Natürlich spiegeln sich in allen Pollendiagrammen auch die Veränderungen des Landschaftsbildes durch die moderne Forstwirtschaft ab dem 19. Jahrhundert wider. Darauf braucht hier aber nicht eingegangen zu werden, da man dies ausführlich in schriftlichen Aufzeichnungen nachlesen kann.

Hans Smettan

Literatur

G. Radke, Landschaftsgeschichte und -ökologie des Nordschwarzwaldes. Hohenheimer Arbeiten 68, 1973, 1 ff.

H. Smettan, Pollenanalytische Untersuchungen zur Vegetations- und Siedlungsgeschichte der Umgebung von Sersheim, Kreis Ludwigsburg. Fundber. Baden-Württemberg 10, 1986, 367 ff.

Ders., Naturwissenschaftliche Untersuchungen im Kupfermoor bei Schwäbisch Hall – ein Beitrag zur Moorentwicklung sowie zur Vegetations- und Siedlungsgeschichte der Haller Ebene. In: Der prähistorische Mensch und seine Umwelt. Festschr. U. Körber-Grohne. Forsch. u. Ber. Vor- u. Frühgesch. Baden-Württemberg 31 (Stuttgart 1988) 81 ff.

Ders., Naturwissenschaftliche Untersuchungen in der Neckarschlinge bei Lauffen am Neckar. Fundber. Baden-Württemberg 15, 1990, 437 ff.

Ders., Ein pollenanalytischer Beitrag zur Geschichte von Hochdorf, Gde. Eberdingen, Kreis Ludwigsburg. Fundber. Baden-Württemberg 16, 1991, 631 ff.

Ders., Was der Blütenstaub unter dem Göppinger Rathaus verrät. Hohenstaufen/Helfenstein. Hist. Jahrb. Kreis Göppingen 2, 1992, 9 ff.

Ders., Archäoökologische Untersuchungen auf dem Albuch. In: Beiträge zur Eisenverhüttung auf der Schwäbischen Alb. Forsch. u. Ber. Vor- u. Frühgesch. Baden-Württemberg 54 (Stuttgart 1995) 37–136, Tafeln.

Bodenumlagerung in prähistorisch besiedelten Landschaften Süddeutschlands

Einleitung

Da große Teile der prähistorisch besiedelten Landschaften in Süddeutschland bis in die jüngste Zeit herein intensiv ackerbaulich genutzt wurden und vorherrschende Böden darin wie auch deren Ausgangsgesteine (z. B. Parabraunerden aus Löß oder Geschiebemergel) von Natur aus besonders erosionsgefährdet sind, wird der beträchtliche ältere Anteil der Bodenumlagerung erst allmählich erkannt. Die archäologische Feldforschung kann nicht nur dazu beitragen, den Kenntnisstand wesentlich zu verbessern; sie ergänzt sich so um das Verständnis von prähistorischen Umweltveränderungen, die ungewollt, aber auch unvermeidbar der Nutzung hin und wieder Grenzen gesetzt haben. Die überraschende Aufgabe von Siedlungen oder ganzen Landstrichen könnte darin ihre Erklärung finden.

Bodenumlagerung – Ursachen und Wirkung

Bodenumlagerung geschieht durch Wasser oder Wind, am besten auf unbewachsenen Oberflächen, da Pflanzen die Reibung erhöhen und mit ihren Wurzeln die Bodenteilchen zusammenhalten. Während jedoch Windabtrag lose Bodenteilchen von geringem spezifischem Gewicht (Torfflocken, Feinsand) erfaßt und feste Oberflächen allenfalls schleifend bearbeitet, beruht Abtrag durch Wasser auf möglichst ungebremstem seitlichem Abfluß. Stabile Gefügeteilchen (humose, tonige und kalkhaltige Krümel) mit hoher Sickerrate hemmen ihn; Verschlämmung (beim Zerfall der Aggregate) und Verdichtung (durch Trampeln und Befahren) wirken ebenso fördernd wie zeitweilige Verkrustung der Bodenoberfläche. Bei Parabraunerden in Lößgebieten ist daher der Abtrag besonders hoch, im tonverarmten Oberboden und erst recht im frischen Löß darunter, geringer dagegen im tonreichen Unterboden und nahe der Bodenoberfläche, solange hier nicht humusreiches mit -armem Bodenmaterial (durch Hacken oder Pflügen) gemischt wurde. Maßgeblich ist der ungehinderte Aufprall der Tropfen bei Starkregen. Zeigen große Niederschlagsmengen nur wenig Wirkung, dann wird das anfallende Bodenmaterial in der Talaue ausgebreitet; im umgekehrten Falle lagert es sich bereits am Unterhang (als Kolluvium) oder an den Flußrändern (als Alluvium, mit dachförmigem Querschnitt) ab.

Da im humosen Oberboden Stickstoff (aus der Pflanzenstreu) und Phosphor (aus deren Zersetzung durch Bodentiere, bes. Regenwürmer) konzentriert ist, geben Hangböden stets einen Teil dieser Nährstoffe an die Senken ab. Beschleunigt sich der Abtrag, so daß der humose Oberboden sich nicht mehr erneuern kann, dann steht dem verarmten höheren Hangbereich ein hochangereicherter Hangfuß gegenüber, dessen Böden nur zum Teil durchwurzelbar und oft durch Dichtlagerung und Luftarmut infolge Hangvernässung geprägt sind. Mit

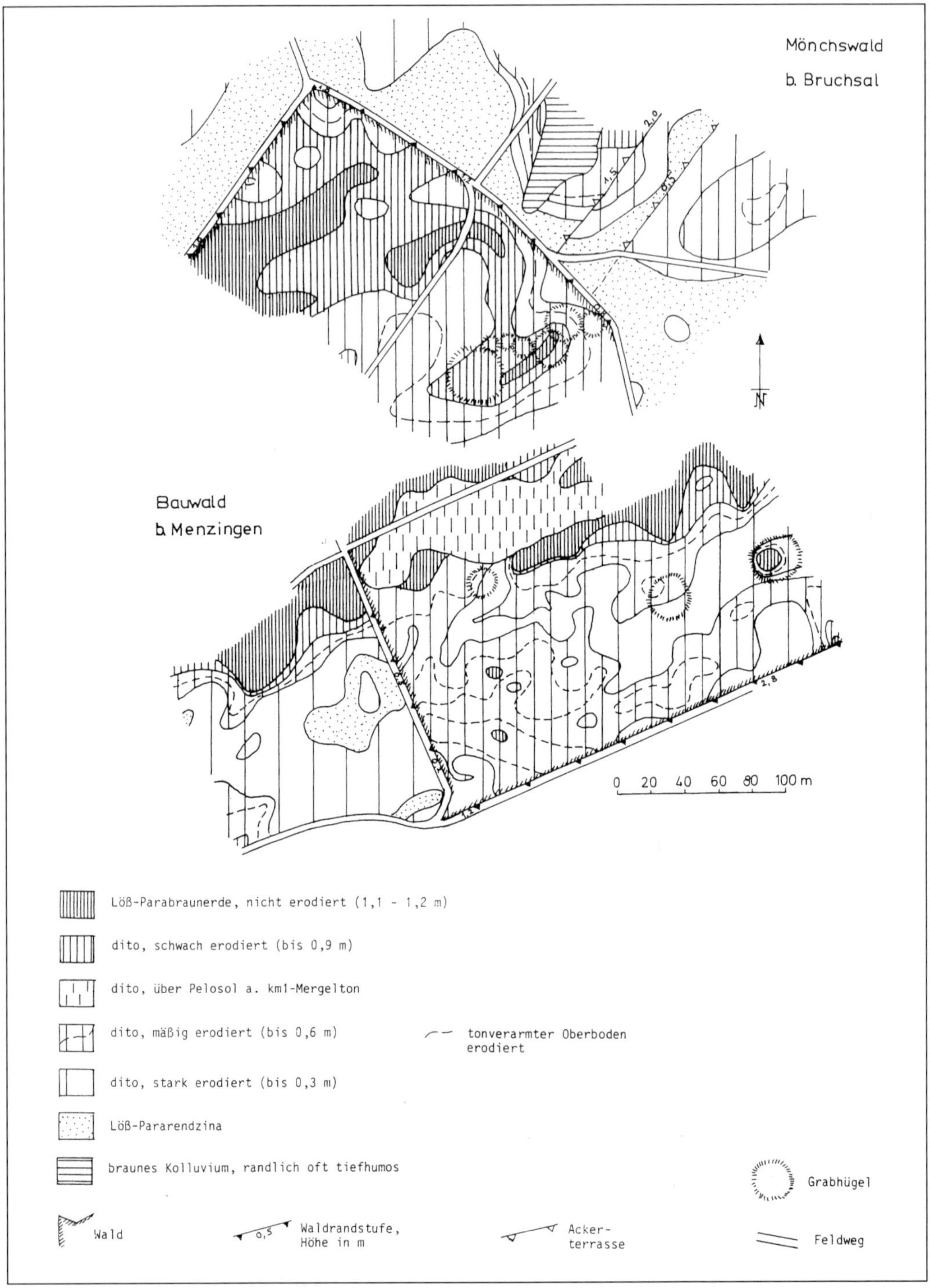

Abb. 6 Nachweis von Erosion unter bronzezeitlichen Grabhügeln im Mönchswald bei Bruchsal (oben) und unter hallstattzeitlichen Grabhügeln im Bauwald bei Menzingen (unten), Kreis Karlsruhe.

der Verringerung der Bodenmächtigkeit büßen die Hangböden zunehmend ihre Rolle als Wasser- und Nährstoffspeicher ein. Die geringe Löslichkeit der Nährstoffe (bes. Phosphor) und Stickstoffverluste durch „hitzigen“ Humusabbau machten flachgründige, kalkreiche Böden (Pararendzinen) der Löß- und Geschiebemergelgebiete in der Vergangenheit zu Problemstandorten, die aufgegeben und dem Wald überlassen wurden; ehemalige Ackerterrassen, zum Beispiel im Kraichgau, im südlichen Hegau und anderswo, zeugen davon. Lediglich die Ackernutzung in den Tälern profitierte von der Aufhöhung der Böden, die dadurch trockener und schließlich grundwasserfrei wurden.

Nachweise in Lößgebieten

Um das obige zu verdeutlichen, mögen einige ausgewählte Beispiele genügen, zumal eine Gesamtaufnahme den Rahmen dieser Darstellung sprengen würde.

1. Bodenmuster der prähistorisch besiedelten Lößgebiete: Anders als heute waren zu Beginn der jungsteinzeitlichen Ackernutzung noch weithin tiefgründig entwickelte Parabraunerden die vorherrschenden Hang- und Hochflächenböden. Sie gingen im südlichen Teil des mittleren Neckarlandes in schwarzerdeartige Formen über (wobei die Vorstellung herrscht, daß sie sich nach Entkalkung aus diesen durch Tonverlagerung entwickelt haben), wie der Rest eines mittelgründigen Parabraunerde-Tschernosems unter urnenfelderzeitlichem Kolluvium auf Markung Schwieberdingen belegt. Wieweit sie im Heilbronner Becken durch Schwarzerden abgelöst wurden, ist unbekannt und wegen der weitgehenden Abtragung schon in prähistorischer Zeit auch schwer zu klären. Ebenso unklar ist, ob jahreszeitliche Staunässe in der östlichen Flächenalb und in Teilen der Filder im älteren und mittleren Neolithikum schon so ausgeprägt war wie heute im Bereich mancher Siedlungen.

2. Nachweise prähistorischer Erosion: Zur Beurteilung der älteren Erosion im Kraichgau mußte eine nicht erodierte Parabraunerde gefunden werden. Der Nachweis gelang unter dem flachen Saum schnurkeramischer Grabhügel, der zwar den Abtrag, nicht jedoch die Weiterentwicklung der Bö-

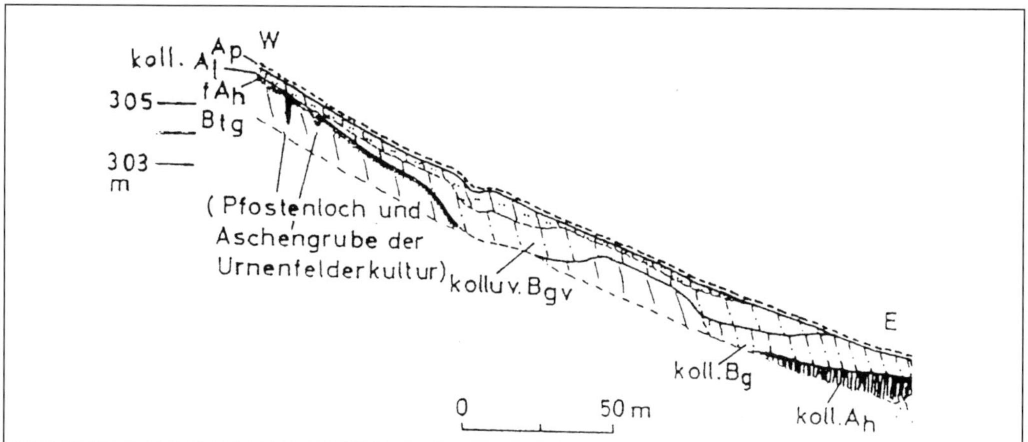

Abb. 7 Prähistorisches Kolluvium in einer Hangmulde nordöstlich Unterensingen, Kreis Esslingen.

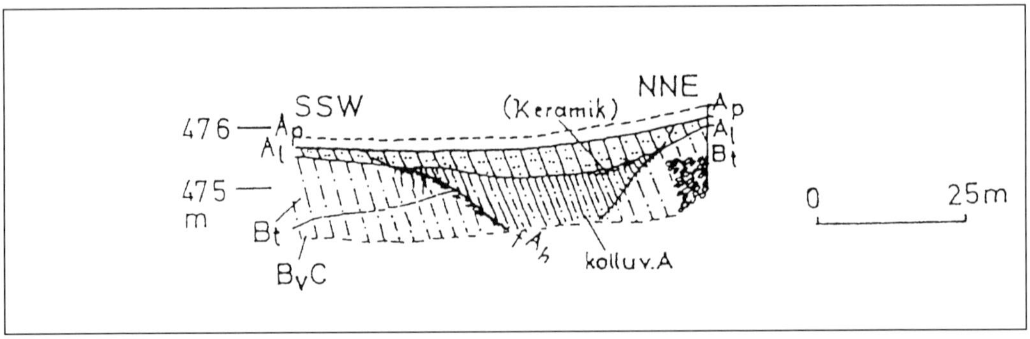

Abb. 8 Prähistorisches Kolluvium in einer Rinne südlich vom „Oberen Feld“ bei Langenau, Alb-Donau-Kreis.

den verhindert hat. Im Vergleich dazu erwies sich der Mönchswald mit dem bronzezeitlichen Hügelfeld als mäßig erodiert (Abb. 6); der Erosionsgrad nimmt abseits der Hügel eher noch ab, so daß nachträgliche Erosion auszuschließen ist. Der Bannwald mit den hallstättischen Hügeln erwies sich als stark erodiert (Abb. 6), unter einem Hügel bereits kleinflächig bis zur Pararendzina. Die zunehmende Bearbeitungstiefe zeigte sich darin, daß der humose Oberboden bei den mittelneolithischen Hügelfeldern nordwestlich Eschelbach und westlich Gondelsheim 10 cm beträgt und zum hallstättischen auf 30 cm ansteigt.

3. Nachweise prähistorischer Akkumulation in Kolluvien: Datierte Kolluvien wie das erwähnte urnenfelderzeitliche sind eher Ausnahmen. Nicht viel häufiger sind solche, deren Unterkante zweifelsfrei durch Siedlungsreste datiert ist, wie das vorgestellte Beispiel vom Südrand der Filder (Abb. 7), und selbst Tonscherben auf alten Oberflächen mit unbekanntem Umlagerungszeitpunkt wie in dem Beispiel aus der östlichen Flächenalb (Abb. 8) sind nur gelegentlich zu finden. Beiden Beispielen ist die Mehrschichtigkeit der Ablagerung gemeinsam; beim ersten wäre interessant zu erfahren, welchen Teil der Bodenbewegung die Besiedlung unmittelbar nach sich gezogen hat und wieviel mehr zufällig später dazukam. Das zweite zeigt die enge Bindung der oberen Decke an den tonverarmten Oberboden in der Nachbarschaft.

4. Nachweise prähistorischer Akkumulation in Alluvien: Ältere Schwemmlehmdecken begleiten die größeren Nebenflüsse im südlichen Oberrheintal, manchmal kilometerbreit und bis 2,5 m mächtig; sie sind wahrscheinlich aus dem abgetragenen Material der Lößparabraunerden in der Vorbergzone entstanden, von denen heute

Abb. 9 Profile mit prähistorischen Alluvien nordwestlich von Nimburg (oben) und östlich bis nordöstlich Riegel (unten), Kreis Emmendingen.

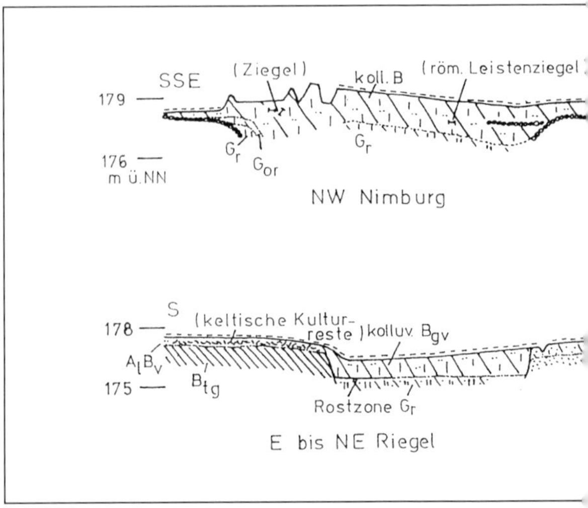

nur noch Reste vorhanden sind. Mit dem Einschneiden der Flüsse entstanden zunächst aus dem Alluvium wieder Parabraunerden, auf die sich die prähistorische Besiedlung in der Aue stützte. Besonders schön zeigte dies 1962 an Gasleitungsgräben die frühere Elzaue (Abb. 9). Tonbeläge in der Füllung der frühbronzezeitlichen Pfosten- und Abfallgruben belegten die nachträgliche Tonverlagerung. Erneuter Grundwasseranstieg in der Latènezeit dokumentiert sich darin, daß die hallstatt- und latènezeitlichen Funde im landfesten Bereich auftreten, während die römischen an eindeutig jüngere Flußablagerungen gebunden sind. Die stetig gequollenen tonreichen Unterböden erfuhren nun nicht nur Grundwasserprägung in den flachen Mulden, sondern von hier bis in die Hochflächen reichend Stauwassereinfluß, der gebietsweise bis heute anhält.

Schlußfolgerungen für die Landschafts- und Siedlungsgeschichte

Kolluvien und Alluvien in den süddeutschen Landschaften sind in günstigen Fällen bestimmten ackerbauzeitlichen Nutzungsphasen zuzuordnen. Vor allem in Flußlandschaften mit Lößböden im Einzugsgebiet stellen sie einen bedeutenden anthropogenen Bestandteil dar. Je genauer ihr Auftreten bekannt ist, desto mehr läßt sich über Dauer und Ausdehnung der Landnutzung in der Vergangenheit aussagen; der jeweilige Zustand der zugehörigen Hangböden läßt darüber hinaus auf Umstände und Probleme der Bewirtschaftung schließen. Der allmählichen Zerstörung von Fundschichten durch Bodenabtrag im höheren Hangbereich steht die zunehmend wirkungsvolle Konservierung von komplexen Befunden im Mulden- und Talbereich gegenüber, die einer umfassenden archäologisch-naturwissenschaftlichen Bearbeitung zugänglich sind; ihr Nachteil liegt – verglichen mit dem Hang- und Hochflächenbereich – in ihrer Kleinräumigkeit.

Dank

Die Untersuchungen zur Erosion im Kraichgau wurden von der Deutschen For-

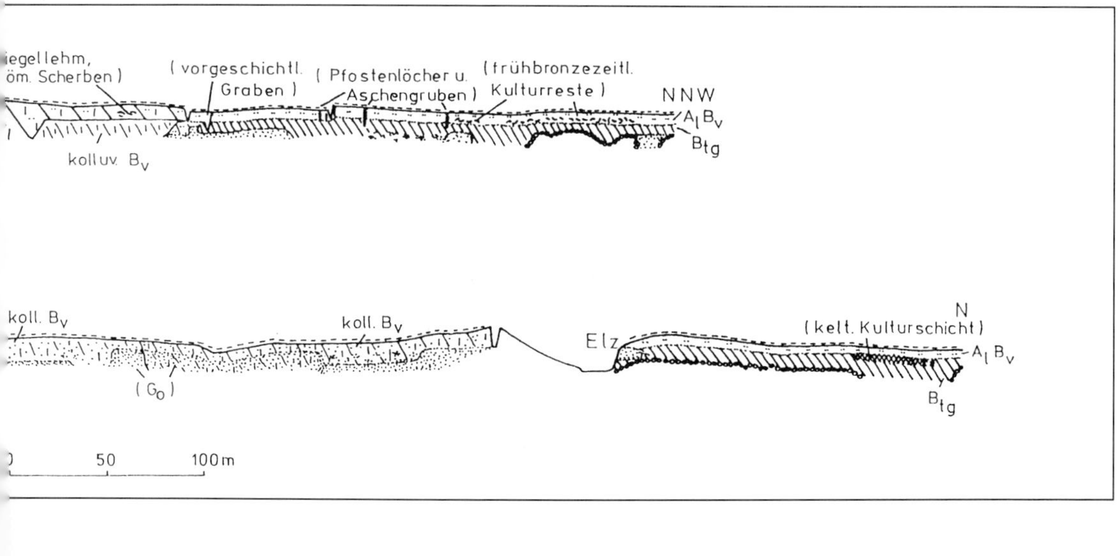

schungsgemeinschaft finanziert, die Aufnahme der Leitungsgräben (mit Profilen von Kolluvien und Alluvien) von der Gasversorgung Süddeutschland GmbH. Hierfür sei ihnen auch an dieser Stelle herzlich gedankt.

Klaus E. Bleich

Ergänzende Literatur

D. Barsch/R. Mäusebacher/G. Schuhkraft/A. Schulte, Die Änderungen des Naturraumpotentials im Jungneolithikum des nördlichen Kraichgaus dokumentiert in fluviatilen Sedimenten. Zeitschr. Geomorphol. N. F. Suppl. 93, 1993, 175 ff.

G. Bartels/B. Meyer, Spät- und postglaziale Erosion und Akkumulation im Luttertal bei Göttingen. Ergebnisse neuerer Auenforschungen im Leinegraben-Gebiet. Göttinger Bodenkundl. Ber. 21, 1972, 159ff.

H.-R. Bork, Die holozäne Relief- und Bodenentwicklung im Unteren Rhume- und Sösetal. Göttinger Jahrb. 29, 1981, 7 ff.

H. Rohdenburg/B. Meyer/U. Willerding/H. Jankuhn, Quartärgeomorphologische, bodenkundliche, paläobotanische und archäologische Untersuchungen an einer Löß-Schwarzerde-Insel mit einer wahrscheinlich spätneolithischen Siedlung im Bereich der Göttinger Leinaue. Göttinger Jahrb. 10, 1962, 36 ff.

R. Vogt, Pedologische Untersuchungen im Umfeld der neolithischen Ufersiedlungen Hornstaad-Hörnle. Ber. RGK 71, 1990, 136 ff.

H. Wildhagen/B. Meyer, Holozäne Bodenentwicklung, Sedimentbildung und Geomorphogenese im Flußauen-Bereich des Göttinger Leinetal-Grabens. Die Auenlehmdecken des Subatlantikums 2. Göttinger Bodenkundl. Ber. 21, 1972, 77 ff.

Beobachtungen zu Erosionserscheinungen vorgeschichtlicher Zeit im südlichen Kraichgau

Bis in die 70 er Jahre des 20. Jahrhunderts war der Kraichgau ein mit nur wenigen Fundpunkten besetztes Gebiet. Intensivere Flurbegehungen durch ehrenamtliche Mitarbeiter, Luftbildprospektion, Flächenzusammenlegungen und das Vordringen erosionsfördernder Ackerbaukultur (Mais, Sonnenblumen, Zuckerrüben) führten zu einer sprunghaften Vermehrung von Fundstellen, die teilweise Ausgrabungen zur Folge hatten. Erstmalig im Jahr 1983 führten Untersuchungen in Knittlingen, Enzkreis, zum sicheren Nachweis vorgeschichtlicher Bodenerosion.

Im Gewann „Ob Oberhofen" in Knittlingen wurde durch intensivierte Landwirtschaft ein Reihengräberfeld des 7. und 8. Jahrhunderts angeschnitten, was zu dessen vollständiger Ausgrabung führte. Bereits an der Oberfläche fanden sich Scherben der Linearbandkeramik, offensichtlich aus einer Siedlung, die sich bei der Untersuchung nur noch durch Abfallgruben zu erkennen gab. Sie erreichten unter dem heutigen Pflughorizont maximal eine Tiefe von 0,4 m. Die oberen Schichten der Gruben sowie alle Reste von Baulichkeiten waren bereits erodiert. Einen Hinweis auf den Zeitpunkt dieser Erosion gaben Reihengräber, die einen breiten Ringgraben durchschlugen, der frühestens der Linearbandkeramik, spätestens der Urnenfelderzeit zugeordnet werden darf. Sie erreichen noch heute Sohlentiefen bis zu 1,4 m, was weitgehend der ursprünglichen Tiefe entsprechen dürfte. Daraus ergibt sich, daß die bandkeramischen Schichten bereits im frühen Mittelalter aberodiert gewesen sein müssen.

Zahlreiche Fundstellen der Urnenfelderzeit zwischen dem Rand des Rheintalgrabens und dem Stromberg zeigen ähnliche Erscheinungen; sie liegen fast durchgehend in einem Gebiet mit weithin ausgeglichenem Oberflächenrelief. Der Erosionszeitpunkt an diesen Stellen ist nicht genau festzulegen, doch sprechen einige Beobachtungen dafür, daß der Prozeß spätestens in römischer Zeit abgeschlossen war. So lag vielfach der römische Laufhorizont in Höhe bronzezeitlicher Gräber.

Mehrjährige Ausgrabungen an einer befestigten Siedlung der Michelsberger Kultur in Bruchsal, Gewann „Aue", Landkreis Karlsruhe, haben deutliche Hinweise darauf erbracht, daß spätestens unmittelbar nach Aufgabe der Siedlung sehr umfangreiche, rasch verlaufende Erosionsvorgänge eingesetzt haben. Dies zeigt sich sowohl an der Verfüllung der beiden Ringgräben, die die einst auf einer Kuppe gelegene Siedlung umgaben, wie auch die Verfüllung einer nördlich gelegenen Schlucht. Offenbar brachen nach Aufgabe der Siedlung streckenweise die Grabenwände ein, und die gesamte Kulturschicht des Siedlungsinneren wurde in die Gräben und darüber hinweg die Abhänge der Kuppe hinuntergeschwemmt. Diese Erosion war so stark, daß neben allen Anzeichen für Baulichkeiten auch, bis auf sehr wenige Reste, alle Abfallgruben verlorengingen. Der Zustand vor allem der Tierknochen aber auch der Keramikscherben zeigt, daß sich dieser

Prozeß schnell abgespielt haben muß, da an den Knochen fast keine Verwitterungserscheinungen zu beobachten sind. Auch die relativ schlecht gebrannten Gefäßreste waren in der Füllung der nördlichen Schlucht noch deutlich als solche zu erkennen.
Aus diesen Beobachtungen ergibt sich, daß die ursprüngliche Hügelkuppe weiter westlich innerhalb der Ringgräben gelegen haben dürfte, während die heute bestehende Kuppe von den beiden Ringgräben überschnitten wird. Das bis in jüngste Zeit hinein relativ kleinparzellierte Gelände zeigt erst in neuerer Zeit nach Flächenzusammenlegungen und dem verstärkten Anbau von Mais wieder Erosionserscheinungen.

Rolf-Heiner Behrends

Lumineszenz-Datierungen holozän umgelagerter Sedimente im Kraichgau

Die zeitliche Einordnung von geomorphologischen und archäologischen Ereignissen ist für zahlreiche Untersuchungen von elementarer Bedeutung. Die „Optisch Stimulierte Lumineszenz" (OSL) bietet dabei die Möglichkeit, die Sedimentation einzelner fluvialer, kolluvialer, äolischer und limnischer Schichten direkt zu datieren. Gegenüber ^{14}C-Datierungen muß für diesen Zeitraum zwar eine relativ hohe Ungenauigkeit in Kauf genommen werden, dafür werden aber die klastischen Sedimente selbst beprobt. Man ist nicht auf mehr oder weniger zufällige Funde anderer datierbarer Materialien angewiesen.

Bereits 1985 wurde von Huntley u. a. auf den physikalischen Effekt der Stimulation von Lumineszenz durch sichtbares Licht für die Datierung hingewiesen. Der entscheidende Durchbruch erfolgte dann durch Hütt u. a. (1988), die mit Wellenlängen im Infrarotbereich Lumineszenz in Feldspäten anregen konnten (IRSL). Dieses Lumineszenzsignal zeigt drei Eigenschaften, die für die Datierung wichtig sind. Erstens wächst das Signal mit der akkumulierten Dosis ionisierender Strahlung und ist somit zeitabhängig, zweitens ist das Signal lichtempfindlich, das heißt es wird durch Belichtung mit Tageslicht reduziert und drittens ist das IRSL-Signal für Datierungen bis zu einigen zehntausend Jahren auch zeitlich ausreichend stabil.

Voraussetzung für das Phänomen der Lumineszenz ist das Vorhandensein von Fehlstellen in Kristallen von Isolatoren. Diese Fehlstellen, die z. B. durch den Einbau von Fremdatomen in das Kristallgitter verursacht werden, bilden Potentialmulden in den Energieniveaus des Gitters und können zu „Fallen" für Elektronen werden, die durch ionisierende Strahlung aus dem Gitterverband geschlagen werden. Das Auffüllen dieser Elektronenfallen erfolgt bei gleichbleibender ionisierender Strahlung mit bestimmbarer Rate. Wird allerdings ausreichend Aktivierungsenergie zugeführt, z. B. Licht bestimmter Wellenlängen, kommt es zu einer Entleerung der Fallen unter Abgabe von Licht, der Lumineszenz. Das „Nullsetzen" der latenten Lumineszenz oder das Leeren der Fallen ist prinzipiell durch zwei verschiedene Ereignisse möglich. Einerseits werden bei der thermischen Nullstellung durch das Erhitzen eines Objekts über 500°C alle Fallen geleert (Beispiele: Keramik und gefrittete Sedimente). Andererseits kann eine Entleerung durch optisches Bleichen erreicht werden, bei dem durch die Einwirkung von Licht die zuvor in den Fallen angesammelten Elektronen wieder befreit werden. Dies kann zum Beispiel während des Transports und der Ablagerung eines Sediments geschehen. Wird das Sediment überdeckt, baut sich die latente Lumineszenz durch die natürliche ionisierende Strahlung wieder neu auf. Datiert wird das Ende der Belichtung, also die abdunkelnde Überlagerung durch andere Sedimente (Beispiele: Dünensand, Löß oder kolluviale Ablagerungen).

Für die im folgenden aufgeführten Beispiele erfolgten die Laboruntersuchungen

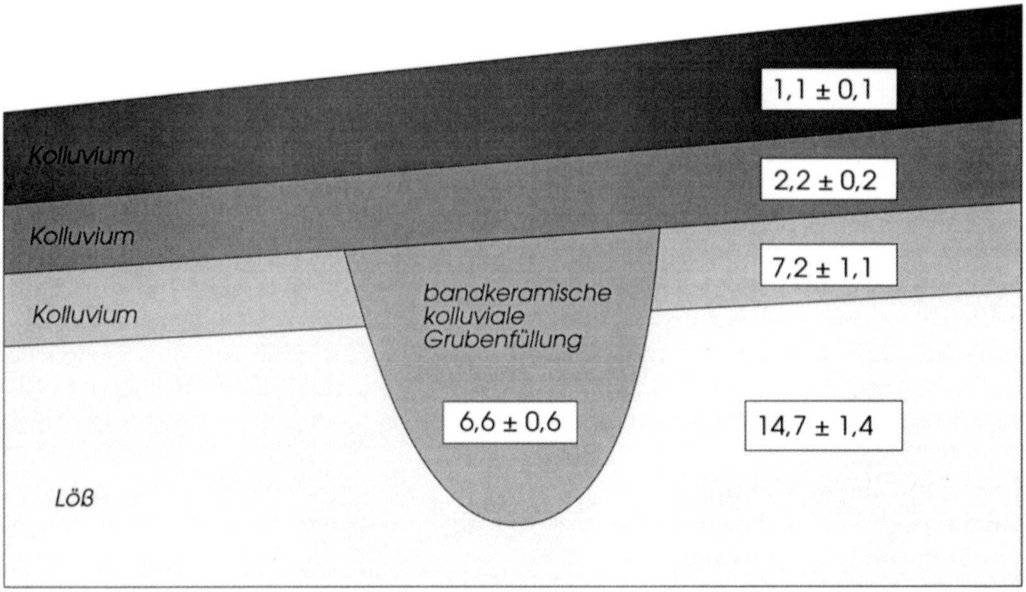

Abb. 10 Schematischer Sedimentaufbau der bandkeramischen Fundstelle in Bruchsal „Aue" mit den vorläufigen IRSL-Altersbestimmungen in Jahrtausenden.

an der polymineralischen Sedimentsfraktion von 4 bis 11 µm Korngröße. Die sehr aufwendige Probenaufbereitung, die unter anderem die Zerstörung der organischen Substanz und des Karbonats, die Korngrößenfraktionierung sowie das Herstellen von wenigstens 80 Teilproben auf Aluminiumprobenträger umfaßt, muß bei Rotlicht geringer Intensität erfolgen. So wird vermieden, daß das sehr lichtempfindliche OSL-Signal ungewollt reduziert wird. Die Lumineszenzmessung erfolgt mit einem Photomultiplier hoher Empfindlichkeit, vor den verschiedene optische Filter geschaltet werden, um die Wellenlängenbereiche der Lumineszenz vom Stimulationslicht zu trennen. Die optimale Anregung ist sowohl bezüglich der Intensität als auch bezüglich der Wellenlänge mineralspezifisch. Für die hier verwendeten polymineralischen Proben haben sich die Infrarotstimulation und die blaue Lumineszenz als geeignet erwiesen. Mit Hilfe der Lumineszenzmessungen wird die Äquivalenzdosis ermittelt, eine künstliche Dosis, die ein dem natürlich induzierten Signal gleiches Signal erzeugt. Dividiert man diesen Wert durch die Dosisleistung, daß heißt die Dosis, welche pro Zeiteinheit auf die Probe eingewirkt hat, so erhält man das Alter. Die Dosisleistung wurde mit α- und β-Zählung, γ-Spektrometrie und durch Feldmessungen bestimmt.

Erste Ergebnisse von Untersuchungen an der Grabung „Bruchsal" Aue sind vielversprechend. Proben wurden aus dem anstehenden Löß, aus einer bandkeramischen Fundstelle, aus den Grabenverfüllungen des Erdwerks der Michelsberger Kultur, aus den überdeckenden kolluvialen Sedimenten und aus einer ehemaligen Feuerstelle in den kolluvialen Deckschichten entnommen. Die Ergebnisse für die Kolluvien und die Grabenfüllungen zeigen, daß schon ein kurzer kolluvialer Transport von weniger als 100 m ausreichen, um das IRSL-Signal vollständig zu löschen (Lang 1994; Wiggenhorn u. a. 1994). Die IRSL-Alter stimmen mit der stratigraphischen Position der Sedimente überein. Die Altersunterschätzung, die an der ersten Probenserie von der Michelsberger Fundstelle auftrat, konnte aufgrund methodischer Weiterentwicklungen bei der Probenserie von der bandkeramischen Fundstelle beseitigt werden: Durch die Beschränkung auf ein schmales Emissionsband im Blau (402 ± 10 nm) wurden nur zeitlich ausreichend stabile Elektronenzustände beprobt. Die Ergebnisse sind in Abb. 10 dargestellt. Der Vorteil der OSL gegenüber der Thermolumineszenz liegt somit in der viel höheren Lichtempfindlichkeit und der höheren Präzision bei der Ermittlung der Äquivalenzdosis.

Andreas Lang

Literatur

D. J. Huntley/D. I. Godfrey-Smith/M. L. Thewalt, Optical dating of sediments. Nature 313, 1985, 105 ff.

G. Hütt/I. Jaek/J. Tchonka, Optical dating: K-feldspars optical response stimulation sprectrum. Quaternary Science Review 7, 1988, 381 ff.

A. Lang, IRSL Dating of Holocene reworked silty sediments. Quaternary Geochronology (QSR) 13, 1994, 525 ff.

H. Wiggenhorn/A. Lang/G. A. Wagner, Infrared Stimulated Luminescence: Dating Tool for Archaeosediments. Naturwissenschaften 81, 1994, 556 ff.

Schwarzerdebildung und -zersetzung

Die Entstehung und Ausbreitung der Schwarzerden in den Lößgebieten nach der Eiszeit hat die früheste neolithische Besiedlung sicherlich stark beeinflußt und wird bei der Rekonstruktion bandkeramischer Siedlungsverhältnisse noch zu wenig berücksichtigt. Dies ist aber auch schwierig, da sich nach unseren Untersuchungen im Heilbronner Raum die Schwarzerden im Verlauf des Neolithikums schon wieder abgebaut haben und heute nur noch in überflossenen Situationen angetroffen werden können.

Nach Aussage der Bodenkunde entsteht Schwarzerde durch die tierische Durchmischung kalkhaltigen Materials aus dem C-Löß mit dem überlagernden A-Horizont. Wie stark eine solche Schwarzerde ausgebildet sein kann, und ob es hierfür Regeln gibt, ist mir nicht klar. Mit dem Einsetzen der Entkalkung und der Entstehung eines B-Horizontes sinkt die Oberfläche des C-Lößes und damit der Kalkspiegel ab und erreicht nach einiger Zeit eine Tiefe, bei der ein tierischer Transport von Kalk nach oben so gering wird, daß die Schwarzerde sich zersetzt. Die humosen Bestandteile werden fast vollständig ausgewaschen, übrig bleiben die mineralischen Anteile, also feiner, kalkfreier Quarzsand. Bei guten Erhaltungsbedingungen kann diese Schicht noch heute eine Stärke von einigen Zentimetern besitzen, meist ist sie nur als dünner Flor erhalten. J. Schalich nennt diesen Vorgang Vergriesung.

Für eine Datierung dieser Vorgänge stehen verschiedene Beobachtungen aus meinem Arbeitsgebiet, dem Heilbronner Becken, zur Verfügung. Die nacheiszeitliche und vorbandkeramische Entstehung der Schwarzerden wird durch Befunde belegt, bei denen bandkeramische Befunde auf Schwarzerden liegen (Beispiel Leingarten, Flur „Biegen“), die später durch Kollavium überdeckt wurden. Die Zersetzung der Schwarzerde dürfte noch vor dem Beginn des Jungneolithikums abgeschlossen sein. Im Mittelneolithikum sind Schwarzerden noch vorhanden, in Befunden der Michelsberger Kultur kommen sie nicht mehr vor. Als gute Belege hierfür können zahlreiche Graben- und Grubenfüllungen in Michelsberger Erdwerken angeführt werden. Das helle, feinsandige Schwarzerdederivat kann ich in Bad Friedrichshall „Plattenwald“ als Füllung bronzezeitlicher Pfostenlöcher nachweisen, und auch der römische Odenwaldlimes, der in Nord-Süd-Richtung durch diese Grabung läuft, ein etwa 60 cm breites Palisadengräbchen, ist mit diesem hellen Material gefüllt. Das Material muß in der Römerzeit also noch in einiger Mächtigkeit vorhanden gewesen sein, was wiederum auf die Mächtigkeit der ursprünglichen Schwarzerde einige Rückschlüsse zuläßt. Auf die Bedeutung der Schwarzerden bei der Rekonstruktion bandkeramischer Siedlungs- und Wirtschaftsbedingungen habe ich schon hingewiesen. Es wäre jedoch durchaus möglich, daß das feinsandige, kalkfreie Schwarzerdederivat, das nach dem Mittelneolithikum weite Teile der Lößlandschaften bedeckte und wohl recht unfruchtbar war, die zu beobachtenden Siedlungsveränderungen des Jungneolithikums nachhaltig beeinflußt hat.

Grabungstechnisch hat es jedoch meines Erachtens noch viel zu wenig Beachtung gefunden. Dies zeigt ein Befund aus Heilbronn-Neckargartach „Böllinger Höfe" von 1993 sehr deutlich. Im oberen, flachen Teil einer großflächig untersuchten Siedlung der Hinkelsteinkultur hatte sich das gelbe feinsandige Material in einer Stärke bis zu 10 cm erhalten. Die neolithischen Befunde zeichneten sich darunter im anstehenden B-Horizont als dunkle Befunde wie gewohnt ab. Bei extrem trockener Witterung erschien plötzlich eine heller Kreisgraben, der einen Gebäudegrundriß der Spätlatènezeit umgab. Diese mit dem hellen Schwarzerdederivat gefüllten Befunde waren nur bei extrem trockener Witterung zu sehen, nach einem Regen verschwanden sie für Tage. Nach einem extremen Gewitterregen waren sie zu meiner Überraschung für etwa eine halbe Stunde als dunkler Befund zu sehen. Dieser war wegen der extremen Anfeuchtung der Resthumusbestandteile in dem Derivat plötzlich zu sehen. Nach Untersuchungen von Dr. Bleich beträgt der Humusanteil hier noch etwa 0,2%.

Daß archäologische Befunde bei extremer Austrocknung plötzlich sichtbar werden, hat jeder erfahrene Archäologe schon erlebt, meist werden sie jedoch nur zufällig entdeckt.

Diese Bemerkungen sind kein Ergebnis, sondern nur Einzelbeobachtungen, die systematisch verdichtet werden müßten.

Jörg Biel

Literatur

J. Biel, Eine Siedlung der Urnenfelderzeit bei Leingarten, Landkreis Heilbronn. Arch. Ausgr. Baden-Württemberg 1989, 89 f.

Ders., Siedlungsgrabungen in Bad Friedrichshall, Landkreis Heilbronn. Arch. Ausgr. Baden-Württemberg 1991, 60 ff.

Ders., Siedlungsreste der Hinkelstein- und Großgartacher Kultur bei Heilbronn-Neckargartach, „Böllinger Höfe". Arch. Ausgr. Baden-Württemberg 1993, 38 ff.

H. Rhodenburg/B. Meyer, Zur Datierung und Bodengeschichte mitteleuropäischer Oberflächenböden. Göttinger Bodenkundl. Beitr. 6, 1968, 127 ff.

J. Schalich, Boden- und Landschaftsgeschichte. In: U. Boelicke u. a., Der bandkeramische Siedlungsplatz Langweiler 8, Gemeinde Aldenhofen, Kreis Düren. Rhein. Ausgr. 28 (Köln 1988) 17 ff.

Archäologische Beobachtungen zur Bodenerosion im Hegau

Die Landschaft des Hegau, nordwestlich an das Bodenseebecken anschließend, wird durch Vulkankegel, Deckentuffberge, würmeiszeitliche Moränen sowie Schotterflächen geprägt. Die altneolithische Landnahme durch die Linearbandkeramik zielte zunächst auf den zentralen Hegau, allerdings wurde auch der Rand des westlichen Bodenseebeckens bereits erreicht. Im Verlauf des Mittelneolithikums (Hinkelstein und Großgartach) erhöht sich die Zahl der Fundstellen deutlich. Mit dem Jungneolithikum (Hornstaad und Pfyn) dreht sich der Verteilungsschwerpunkt zu Gunsten des Bodenseeraumes um, der Hegau erscheint fast fundleer (Abb. 11).

Um zu klären, ob sich hinter diesem Verbreitungsmuster grundlegende Veränderungen im Siedelverhalten spiegeln, oder ob es sich um zufällige Forschungslücken handelt, erschien es zwingend, im Rahmen des von 1983–1993 laufenden Schwerpunktprojekts der Deutschen Forschungsgemeinschaft „Siedlungsarchäologische Untersuchungen im Alpenvorland" auch das Hinterland des westlichen Bodensees in die Forschungen mit einzubeziehen. Aktuellen Anstoß gaben jeweils verschiedene Zufallsfunde im Zuge größerer Baumaßnahmen, die schlaglichtartig die gewaltigen Forschungslücken im Vergleich mit dem relativ gut erforschten Bodenseeufer aufzeigten. Bereits die ersten Grabungen in Mühlhausen und Hilzingen zeigten dann überdeutlich die Schwierigkeiten, aber auch die Möglichkeiten siedlungsarchäologischer Forschung in einem stark reliefierten und damit erosionsanfälligen Gebiet. Da sämtliche Untersuchungen noch nicht abschließend bearbeitet sind, kann es sich im folgenden nur um einen skizzenhaften Abriß handeln, der die Aussagemöglichkeiten systematischer archäologischer und bodenkundlicher Beobachtung zu Erosion und Akkumulation der Böden am Beispiel einer Kleinlandschaft andeutet.

Hilzingen „Forsterbahn"

Im Gewann „Forsterbahn" westlich des Hohentwiels, wurde im Zuge des Autobahnbaus 1985 eine Siedlung der Linearbandkeramik entdeckt (Abb. 12).

Die Hausgrundrisse fanden sich auf einem flachen Kiesrücken, der während des Altneolithikums die umgebenden Rinnen und Senken um etwa 2–3 m überragte. Durch kolluviale Verfüllung dieser ehemals wohl von einem Bach durchflossenen Hohlformen ist die ursprüngliche topographische Situation dieser Dorfanlage heute kaum mehr erkennbar (Abb. 13). Darüber hinaus kam es zu einer Vernässung des ursprüng-

Abb. 11 Der westliche Bodenseeraum. Im Text erwähnte Fundstellen sind numeriert. Große Symbole: zahlreiche Funde. Kleine Symbole: Einzelfunde. 1 Hilzingen „Forsterbahn". 2 Hilzingen „Unter Schoren". 3 Hilzingen-Duchtlingen „Im Winkel". 4 Mühlhausen-Ehingen „Lachen". 5 Singen „Reckolderbühl". 6 Rielasingen-Worblingen „Riedern". ►

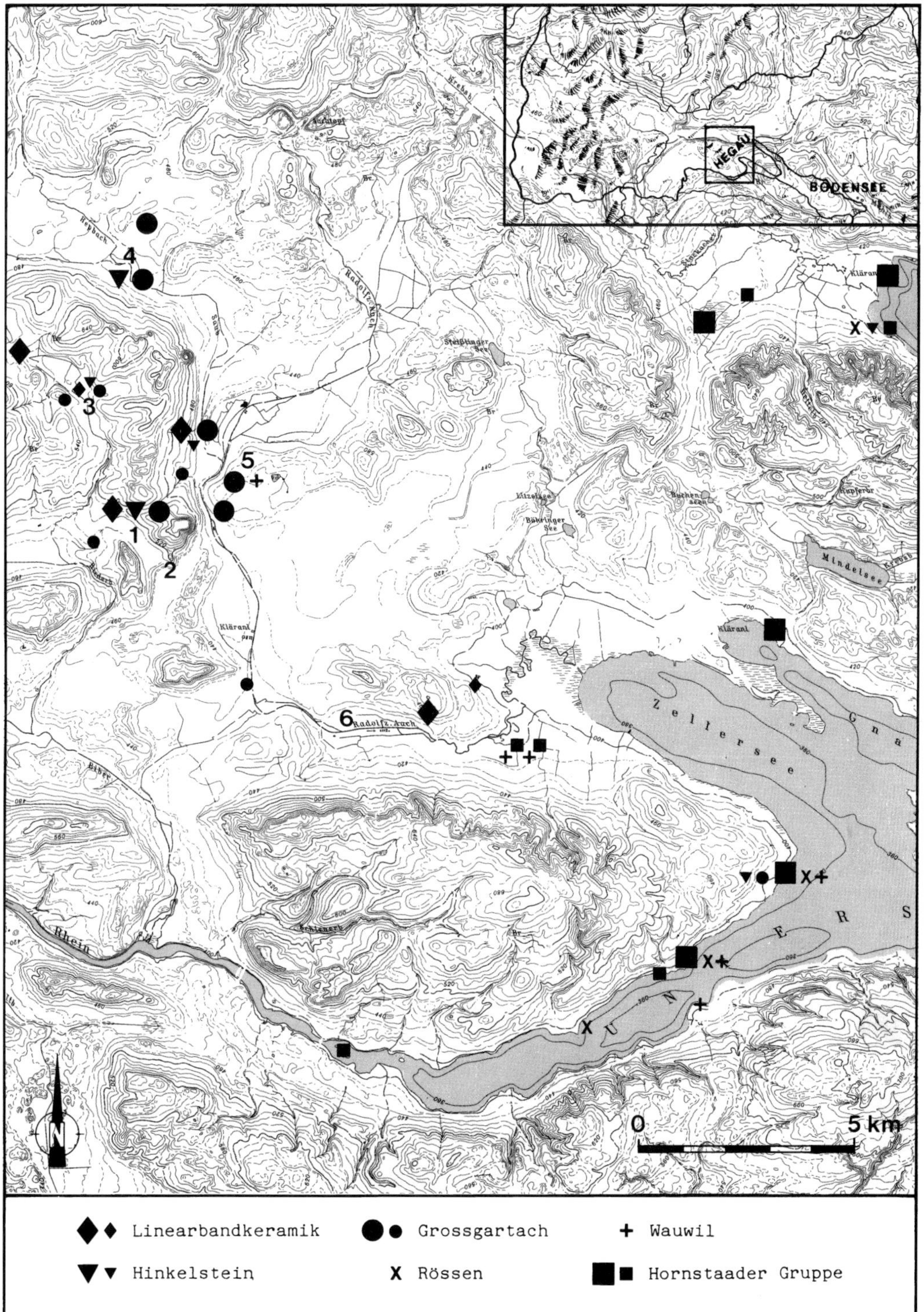
HEGAU
BODENSEE
1
2
3
4
5
6
Radolfz. Aach
Zellersee
Mindelsee
Rhein
0
5 km
N
Linearbandkeramik
Grossgartach
Wauwil
Hinkelstein
X Rössen
Hornstaader Gruppe

lichen Dorfstandortes, der heute nur dank intensiver Drainage ackerbaulich genutzt werden kann.

Um die Genese dieser Kolluvien genauer beurteilen zu können, wurden in der nordöstlich der Siedlung gelegenen Rinne 1986 mehrere Sondagen durchgeführt. An der Fundstelle 86/1 (Abb. 13) konnte an der Profilbasis eine mit dunkelgrauem, etwas kiesigem Lehm verfüllte Grube beobachtet werden, in der sich wenige linearbandkeramische Scherben fanden (Abb. 14, Horizont 1).

Im Hangenden folgte, deutlich von der Grubenfüllung getrennt, ein etwa 0,1 m mächtiger, stark mit Holzkohlen und etwas gebranntem Lehm durchsetzter Horizont 2, der neben Scherben der Linearbandkeramik ausschließlich Material der Hinkelsteingruppe erbrachte. Nach oben ging dieser Horizont allmählich in eine 0,3 m–0,6 m mächtige schwarzhumose

Abb. 12 Hilzingen „Forsterbahn" (1) und „Unter Schoren" (2) westlich bzw. südwestlich des Hohentwieles. Moorflächen gerastert.

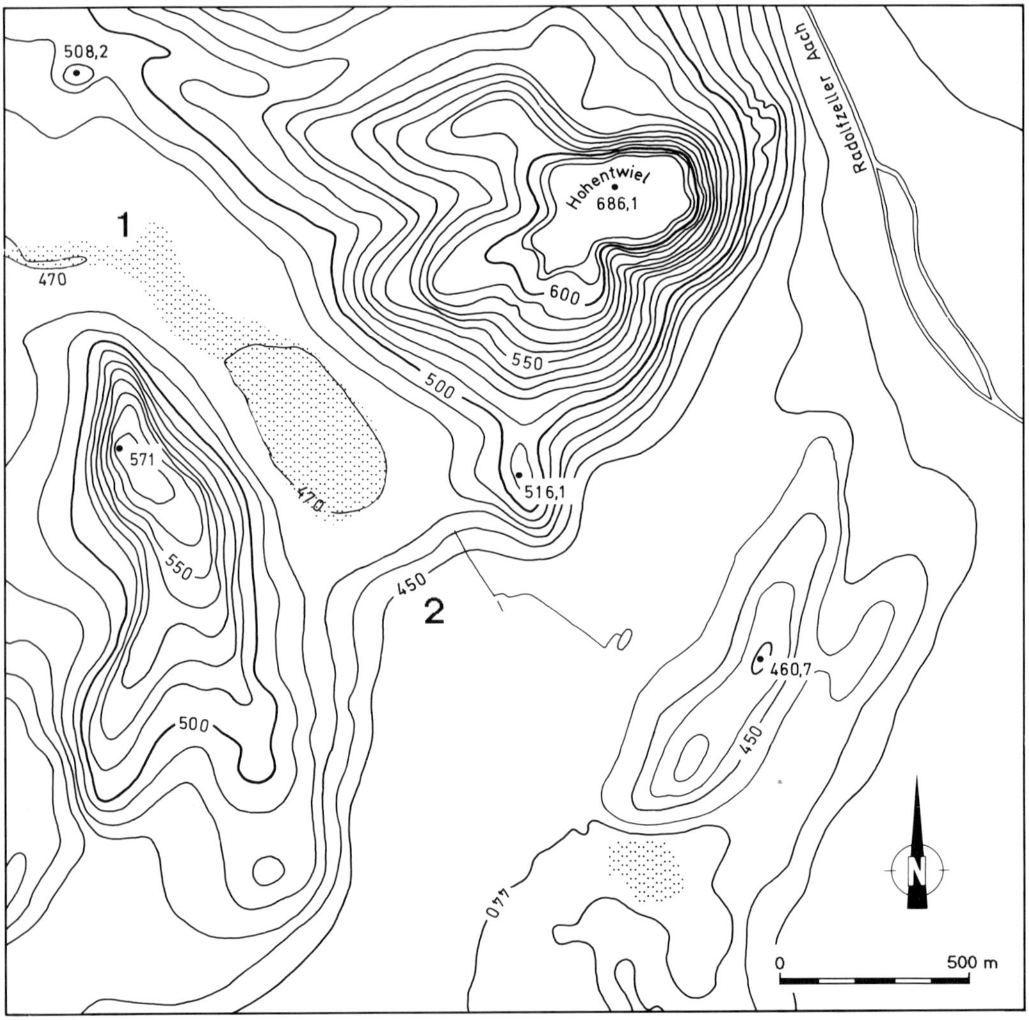

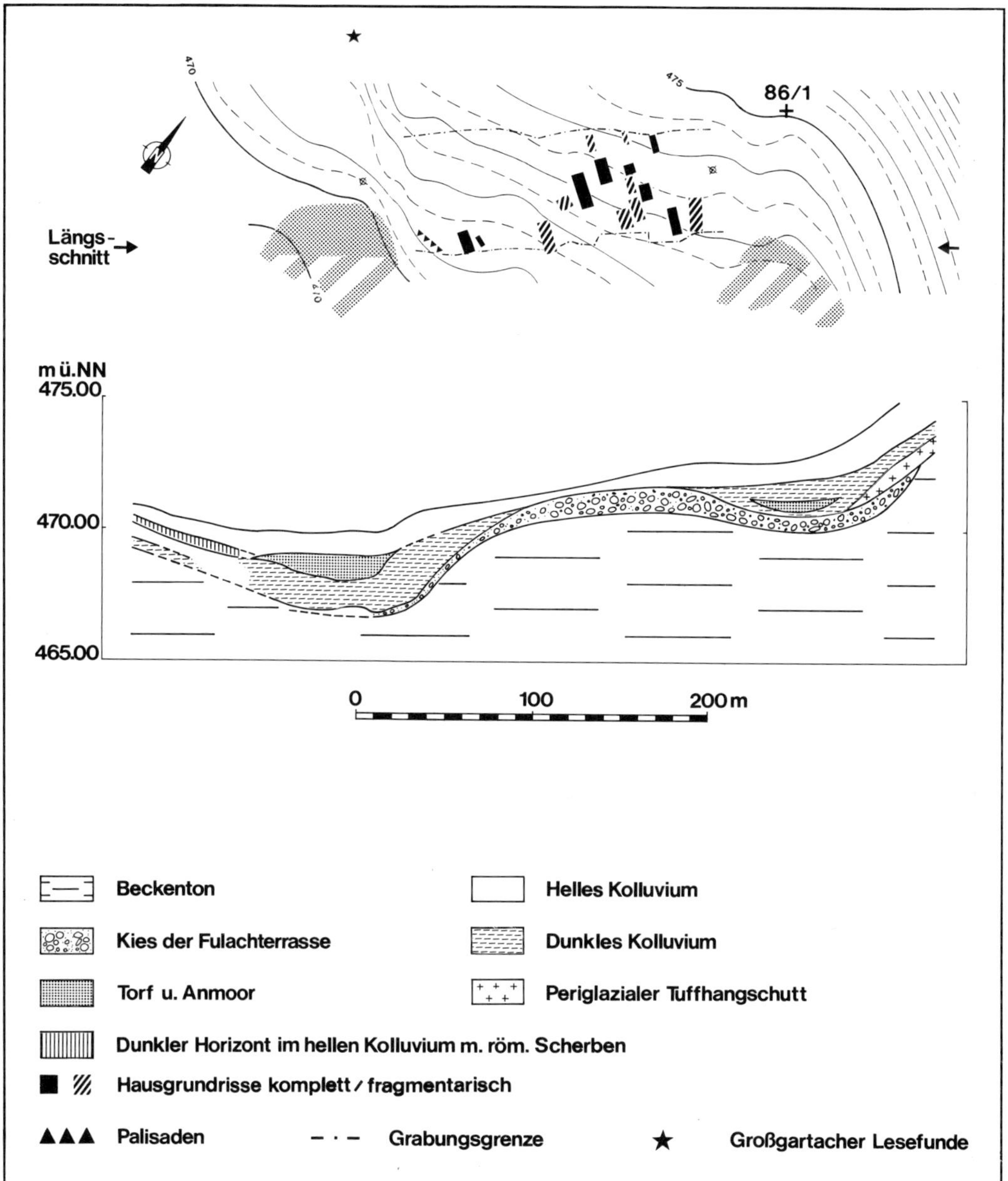

Abb. 13 Hilzingen „Forsterbahn". Oben: Höhenlinienplan mit Hausgrundrissen. Unten: schematischer Längsschnitt (Überhöhung 1:15). Heute ist das Gelände leicht nach Süden geneigt. Im Längsschnitt wird die alte Topographie deutlich: Die Siedlung lag auf einem flachen Kiesrücken zwischen zwei kleinen Tälern.

kiesarme Zone über, die ebenfalls noch etwas mit Holzkohle und gebranntem Lehm durchsetzt war (Horizont 3). An Funden trat im unteren Bereich Hinkelstein, im oberen Großgartach auf. Der Horizont 4 zeichnet sich durch das Fehlen von Holzkohle und gebrannten Lehmstückchen aus, außerdem treten fast keine mittelneolithi-

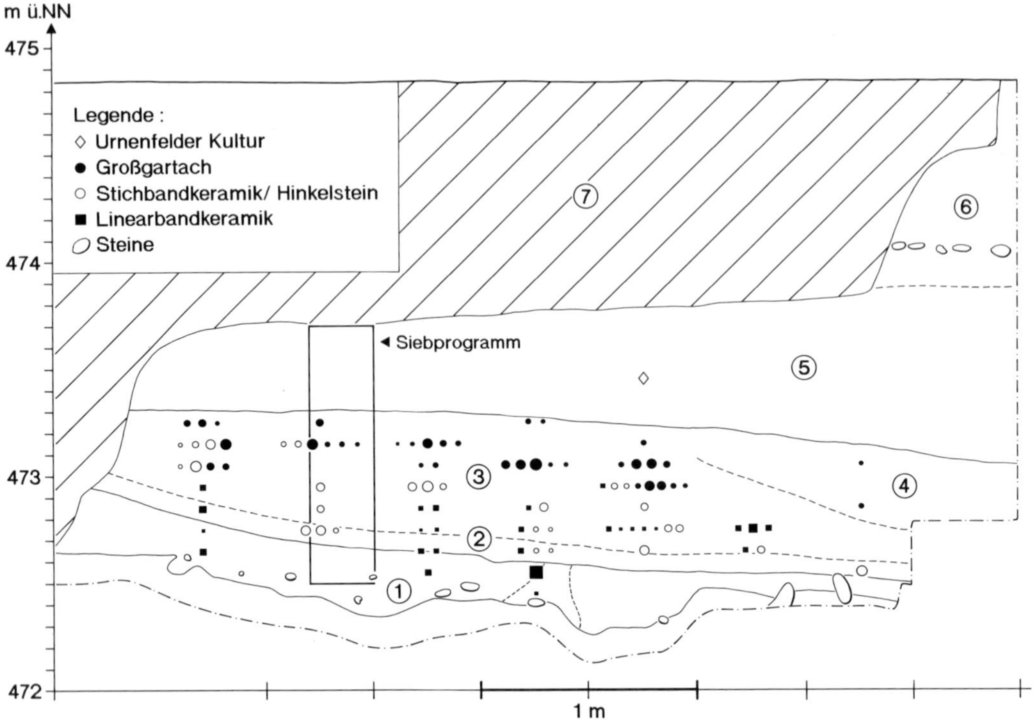

Abb. 14 Hilzingen „Forsterbahn", Fundstelle 86/1. Profilausschnitt am Rand einer kolluvial verfüllten Rinne mit alt- und mittelneolithischen Scherben in stratigraphischer Abfolge. Die Größe der Symbole entspricht dem Gewicht der einzelnen Scherben (Beschreibung im Text).

schen Scherben mehr auf. Die Projektion der Scherben in die Profilwand legt nahe, daß der Großgartacher Schichtabschnitt aberodiert wurde, bevor der Horizont 4 zur Ablagerung gelangte. Datierungshinweise für diese Prozesse ergaben sich nicht.

Deutlich sichtbar war im Profil dann die Grenze zum dunkelbraunen, kiesigen Lehmhorizont 5, der vereinzelt Scherben der Urnenfelderkultur enthielt. Ab 473,90 m ü. NN erfolgte nach oben eine weitere Aufhellung (Horizont 6), bei 474,05 ü. NN wurde eine Zone mit faustgroßen Geröllen angetroffen. Datierungshinweise fehlten wiederum. Nr. 7 bezeichnet die rezenten Störungen.

Um einen noch genaueren Einblick in den Schichtaufbau zu erhalten, wurde eine Profilsäule mit 0,3 x 0,3 m Grundfläche in 0,05 m starken Abträgen gesiebt und der Kiesanteil der Fraktion über 2 mm Korngröße ermittelt (Abb. 15). Der bereits bei der Ansprache im Gelände als kiesreich beschriebene Profilabschnitt erweist sich auch nach der Siebung als derjenige Abschnitt mit dem erwartungsgemäß höchsten Skelettanteil. Bei der Grabung nicht bemerkt wurden die gleichfalls hohen Kiesanteile im unteren Bereich der stark holzkohlehaltigen Hinkelsteinschicht, gleiches gilt auch für den etwas erhöhten Kiesanteil in der Mitte des dunkelhumosen Horizontes, also dem Abschnitt, der aufgrund der Keramikverteilung dem Übergang von Hinkelstein zu Großgartach entspricht. Die Wechsel der Kiesanteile werden nun als Veränderungen im Erosions- beziehungsweise Sedimentationsgeschehen gedeutet.

Dabei legen höhere Kiesanteile stärkere Erosionsvorgänge im Umfeld der Rinne nahe. Die meist gut erhaltenen Hinkelstein- und Großgartachscherben zeigen zusammen mit dem vergleichsweise geringen Kiesanteil dieses Horizontes eine eher geringere Dynamik an. Die bis zur Oberkante des Horizontes vorhandenen linearbandkeramischen Scherben deuten dabei nach Südwesten auf den Bereich der Siedlung als Liefergebiet für das in der Rinne akkumulierte Bodenmaterial. Auffallend ist der abrupte Wechsel von Horizont 3 zu Horizont 5, also zwischen Mittelneolithikum und Urnenfelderkultur. Auch scheint sich das Liefergebiet verlagert zu haben, denn im Horizont 5 fehlen alt- und mittelneolithische Scherben vollständig.

Als Ergebnis dieser Sondage kann festgehalten werden, daß sich eine spätestens am Anfang des Mittelneolithikums beginnende allmähliche kolluviale Verfüllung dieser Rinne nachweisen läßt. Daß die hier etwas genauer vorgestellte Gliederung eines Profils von allgemeinerer Bedeutung ist, konnte im Rahmen einer Diplomarbeit am Geologischen Institut der Universität Freiburg von B. Ehrminger nachgewiesen werden: Die Kolluvien im Umfeld der linearbandkeramischen Siedlung zeigen demnach generell eine ähnliche Unterteilung: zuunterst werden dunkelhumose, kalkarme bis kalkfreie Oberbodenmaterialien angetroffen, darüber folgen, allmählich heller werdend, teilweise stark kalkhaltige und kiesige Kolluvien, in die gelegentlich etwas humosere Bodenbildungshorizonte eingelagert sind. Während die schon erwähnten alt- und mittelneolithischen Scherben in den dunkelhumosen Horizonten beobach-

Abb. 15 Hilzingen „Forsterbahn", Fundstelle 86/1. Die unterschiedlichen Kiesanteile pro Abtragungseinheit deuten auf Änderungen im Erosionsgeschehen.

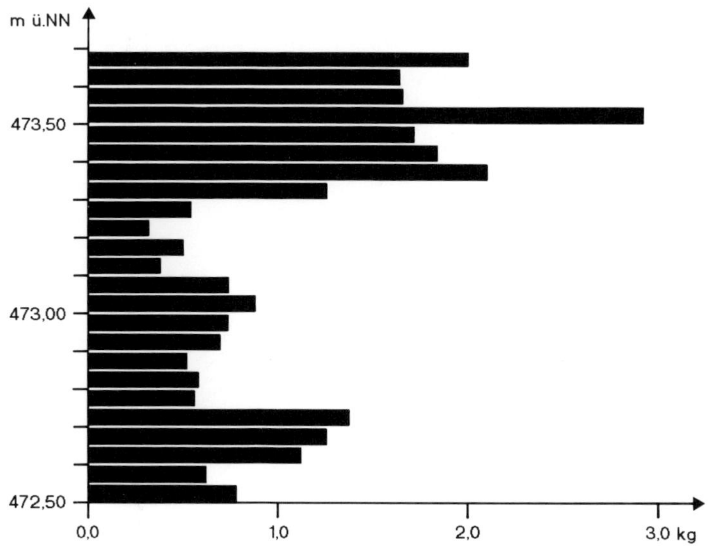

tet wurden, traten mehrfach Scherben der Urnenfelderkultur aus den helleren Abschnitten der Profile zutage. Verschiedene Torf- und Anmoorschichten zeigen neben zunehmender Vernässung des Geländes auch Stillstandsphasen der Bodenerosion (Abb. 13). Während der östlich der Siedlung innerhalb des dunklen Kolluviums angetroffene Anmoorhorizont noch nicht datiert werden konnte, fand sich an der Basis des südwärts gelegenen Torfpaketes ein nahezu komplettes Gefäß der Urnenfelderkultur. Das stratigraphische Verhältnis dieses Torfkörpers zu einem etwas dunkleren Bodenhorizont, der, im hellen Kolluvium liegend, vereinzelt römische Scherben erbrachte, blieb unklar.

Mühlhausen-Ehingen „Lachen"

In einer bereits 1960 großflächig angeschnittenen und als verlandeter Bachlauf interpretierten Fundstelle am nordöstlichen Hangfuß des Mägdeberges konnte 1983 und 1984 eine kleine Ausgrabung durchgeführt werden (Abb. 16 und 17). Sie erbrachte in einer ehemaligen Geländemulde die für Südwestdeutschland bis dahin einmalige stratigraphische Abfolge der Kulturgruppen Hinkelstein und Großgartach.
Zwischen zwei Baugruben stand ein 6 m breiter Streifen, bei dem lediglich der Oberboden maschinell entfernt worden war, für Untersuchungen zur Verfügung. Es

Abb. 16 Mühlhausen-Ehingen „Lachen". Der Fundplatz am Rand des Engener Beckens (vgl. Abb. 11 Nr. 4).

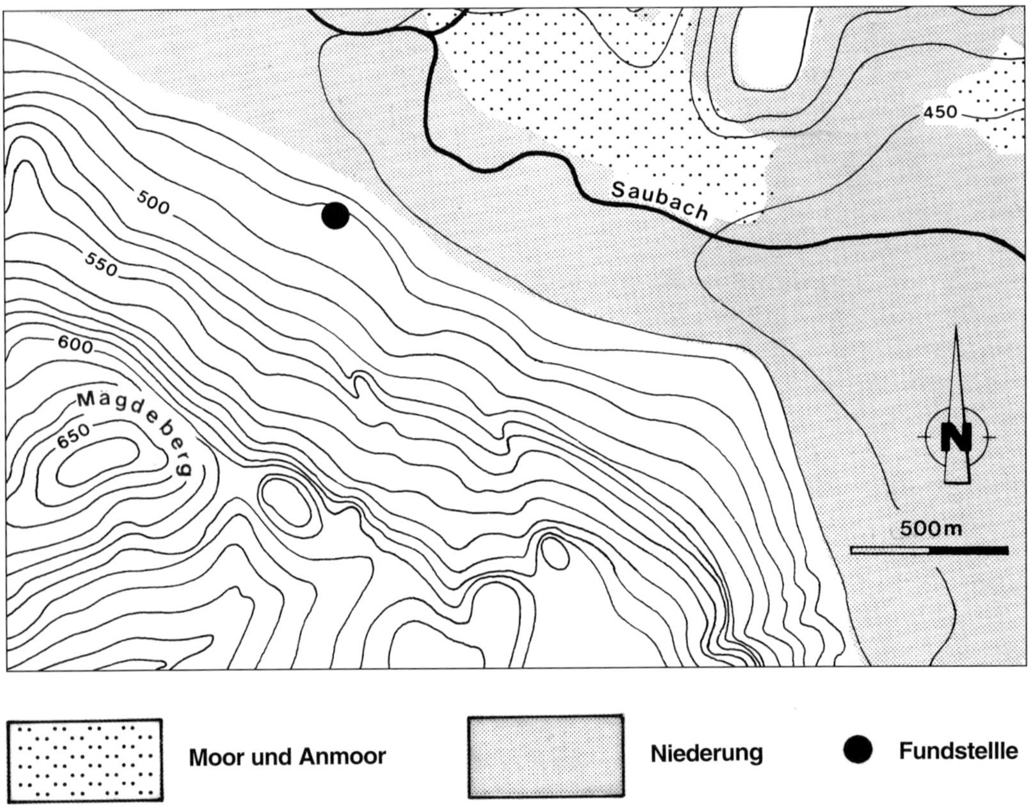

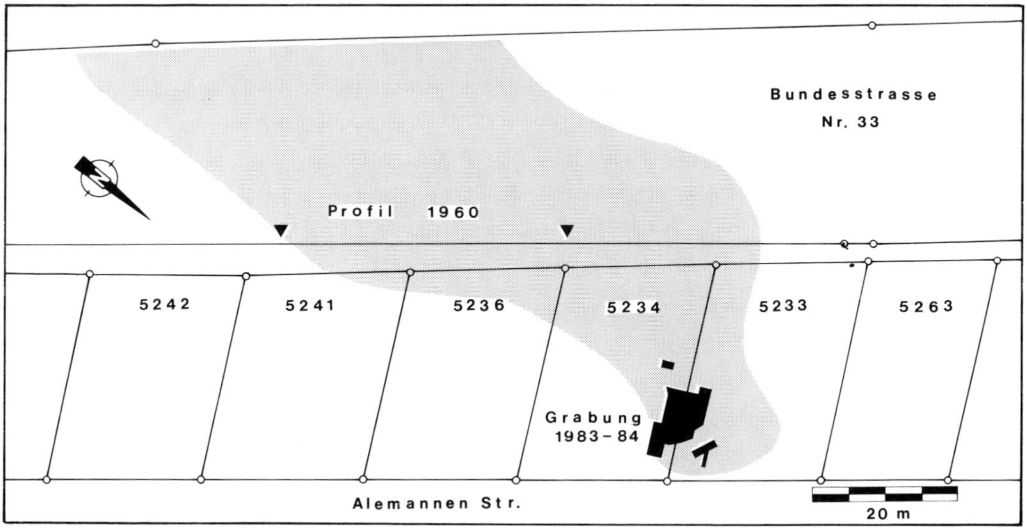

Abb. 17 Mühlhausen-Ehingen „Lachen". Befunde des Jahres 1960 und Grabung 1983/84.

handelte sich dabei um den Rest einer talwärts zungenförmig ausstreichenden Verfärbung, deren mächtigster Bereich, wie die noch einsehbaren Baugrubenprofile erkennen ließen, gerade in dem Streifen zwischen den Baugruben erhalten geblieben war (Abb. 17). Dem ersten Augenschein nach waren in den Profilen keine deutlichen Schichten zu erkennen. Neben ganz allmählichen Farbabstufungen von braun zu schwarzbraun bis schwarz fiel lediglich nahe der Basis des Fundhorizontes ein nach unten recht klar abgesetzter, an Holzkohlen reicher Horizont auf, der stellenweise auch mit zahlreichen rötlichen „Hüttenlehmbrocken" durchsetzt war. Hieraus stammt die Masse der Hinkelsteinscherben, deren Anteil nach oben zu Gunsten Großgartacher Scherben immer weiter abnimmt. Diese Situation entspricht in auffälliger Weise dem Hilzinger Befund. Im Liegenden folgt gelbbrauner bis dunkelbrauner steinfreier Lehm, der keine Fundstücke mehr enthielt. Für den Fundhorizont, der in 0,05 m starken Abtragungseinheiten viertelquadratmeterweise abgebaut wurde, gelang der Nachweis, daß er zumindest teilweise in situ lag, es sich also nicht um verschwemmtes Material in einem Bachlauf handelte: An der Basis des Fundhorizontes zeigte sich eine runde Grubenverfärbung, die noch etwa 0,15 m in den Untergrund eingetieft war (Abb. 18). Auf ihrer Sohle wurde eine 1–2 cm starke rotbraune Zone beobachtet, die auf längere Feuereinwirkung schließen läßt. Weiter konnten im untersten Bereich des Fundhorizontes bis zu 30 cm große Gefäßteile gefunden werden. Sie waren alt in kleinere Stücke zerscherbt und können nach ihrer Ablagerung nicht mehr bewegt worden sein.

Die Interpretation des Befundes geht nun dahin, zumindest in den unteren Teilen des Fundhorizontes eine zeitweilig genutzte mittelneolithische Siedlungsoberfläche zu sehen, die sich dank günstiger topographischer Gegebenheiten in einer kleinen Geländemulde erhalten konnte. Offenbar als Folge von Rodungen kam es zu Erosionsvorgängen, die eine stete Zuführung von feinem, dunkelhumosem Oberboden-

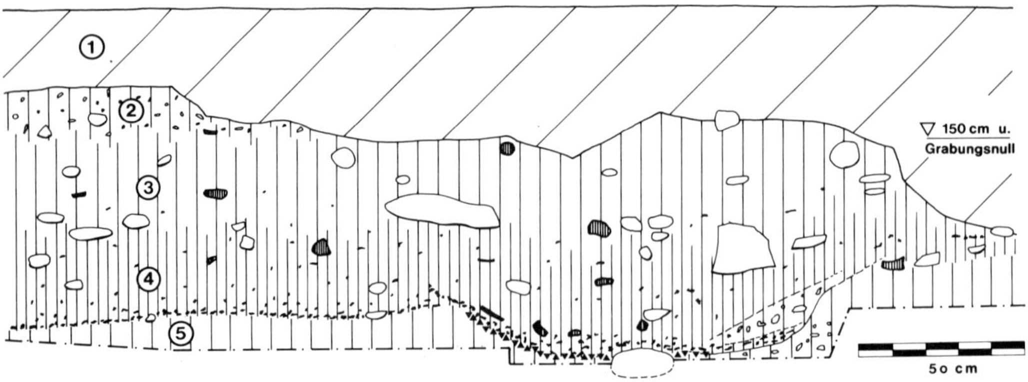

Abb. 18 Mühlhausen-Ehingen „Lachen" Ausgrabung 1983/84. Profilausschnitt des Fundhorizontes mit flacher Grube. 20 bis 70 cm des Hangenden waren maschinell entfernt oder gestört (1), darunter lag brauner, kiesdurchsetzter Lehm (2), der nach unten allmählich in einen dunkel- bis schwarzbraunen Horizont (3) mit wenig Holzkohle übergeht. Im Liegenden folgt ein schwarzbrauner bis schwarzer Horizont (4), der an seiner Basis stark mit Holzkohle durchsetzt und nach unten deutlich begrenzt ist. Es folgt gelbbrauner bis dunkelbrauner, steinfreier Lehm (5). Die Dreiecke an der Grubenbasis kennzeichnen eine rot verziegelte Zone.

material in die Mulde hinein verursachten und bis zum Ende der Großgartacher Kulturentwicklung zu einer relativ schnellen Aufhöhung führten. Dabei dürften größere Objekte an Ort und Stelle eingelagert worden sein, während bei kleineren auch ein Transport hangabwärts nicht auszuschließen ist. Daß für die Auffüllung der Senke die beschriebene langsame Akkumulation von Bodenmaterial wahrscheinlicher ist als Erklärungen, die eine stärkere Wassereinwirkung voraussetzten (Bach, Unwetter), wird durch die Tatsache gestützt, daß Sand- oder Kiesbänder in der Fundschicht gänzlich fehlen. Auch sollten im zweiten Fall deutlichere Schichtgrenzen zu erwarten sein.

Hilzingen „Unter Schoren"

Eine Schlüsselrolle für die siedlungsarchäologische Erforschung der mittleren Bronzezeit im Hegau stellte 1988 die Entdeckung der an einem Hangfuß gelegenen Fundstelle Hilzingen „Unter Schoren" dar (Abb. 12). Unter kolluvialer Bedeckung hatte sich weiträumig die mittelbronzezeitliche Siedlungsoberfläche mit Steinpackungen und Scherbenstreuungen erhalten, war zum Zeitpunkt der Auffindung aber bereits zusammen mit dem Oberboden abgebaggert worden. Trotzdem ließen sich an einer Profilwand noch kleinere Sondagen durchführen. Als besonders aufschlußreich erwies sich die Untersuchung einer vom Bagger angeschnittenen Steinpackung. Die Steine lagen auf schwarzhumosem Boden, der keinerlei Funde enthielt. Vermutlich handelt es sich dabei um einen alten A-Horizont, der aus dem anstehenden, mit kiesigem Moränenmaterial durchsetzten gelbbraunen Tuffverwitterungslehm entstanden ist. Die ca. 1,40 x 1,40 m große Steinpackung bestand aus maximal 15 cm großen Geröllen, die teilweise Brandspuren und Hitzesprünge aufwiesen. Unmittelbar neben dieser Steinpackung fanden sich ein großer Topfboden und weitere mittelbronzezeitliche Scherben. Der Abbau des humosen Bodens über der Steinpackung erfolgte in 0,05 m dicken Abtragungseinheiten, so daß sich die Verteilung der Funde sehr genau kontrollieren ließ: Ausschließlich oberhalb der Steinpackung wurden zum Teil stark verrollte urnenfelderzeitliche Scherben beobachtet, und in den Abträgen direkt unter der heutigen Pflugschicht fand sich Drehscheibenware, die wohl überwiegend römisch sein dürfte. Diese Befundsituation interpretiere ich nun dahingehend, daß sich der mittelbronzezeitliche Fundhorizont noch in situ befindet, also einen echten Laufhorizont darstellt, während das Bodenmaterial über der Steinpackung als Folge von Erosionsvorgängen am Oberhang hierher umgelagert wurde. Die dunkelhumose Beschaffenheit des Bodens erklärt sich daraus, daß zunächst der A-Horizont verlagert wurde. Erst bei beschleunigter Erosion wäre es zum Auftrag heller Kolluvien gekommen.

Neben dieser Steinpackung, die genauer untersucht werden konnte, wurden zwei weitere, erheblich größere Steinlagen angeschnitten, die ebenfalls Feuereinwirkung zeigten. Auch außerhalb der eigentlichen Steinpackungen enthält der Fundhorizont zahlreiche, infolge starker Temperatursprünge zerplatzte Gerölle, die offenbar als Hitzesteine eine wesentliche Rolle im Alltagsleben spielten. Sie wurden inzwischen zum „Leitfossil" der Bronzezeitsiedlungen im Hegau, fallen sie bei einer Baustellenbegehung doch eher auf als etwa kleinteilige Keramikfragmente.

Rielasingen-Worblingen „Riedern"

Der Bau eines Regenüberlaufbeckens in der Niederung der Radolfzeller Aach führte im Herbst 1989 zu der Entdeckung einer Siedlung östlich von Rielasingen-Worblin-

Abb. 19 Rielasingen-Worblingen „Riedern". Zahlreiche zerplatzte Gerölle markieren die mittelbronzezeitliche Siedlungsoberfläche (vgl. Abb. 11 Nr. 6).

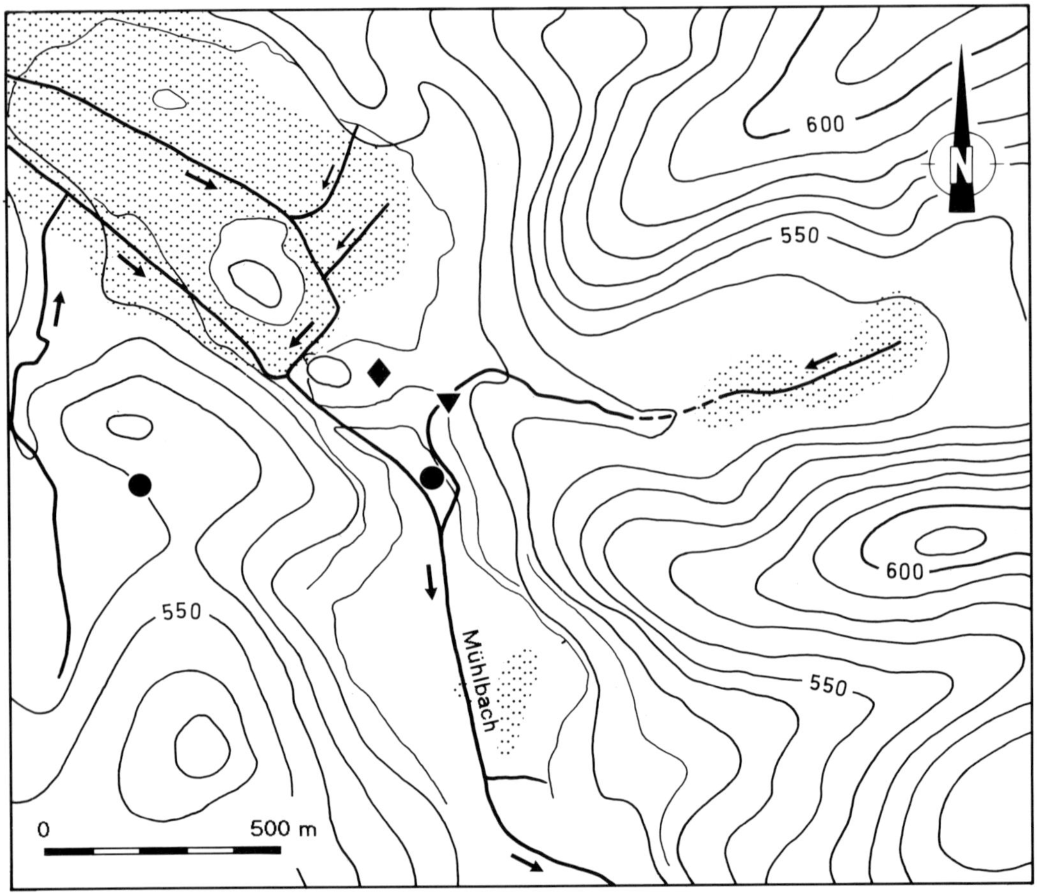

Abb. 20 Hilzingen-Duchtlingen. Moorflächen (gerastert) sowie alt- und mittelneolithische Fundplätze (vgl. Abb. 11 Nr. 3).

gen im Gewann „Riedern“. In den Wänden der Baugrube fielen etwa 10–20 cm unterhalb der Pflugsohle im ansonsten steinfreien Auelehm zerplatzte Gerölle auf. In diesem farblich nicht abgesetzten „Steinhorizont“ fanden sich wenige, zunächst nicht datierbare Scherben. Eine daraufhin im Spätherbst 1989 durchgeführte Sondage erbrachte dann ein der Hilzinger Situation entsprechendes Bild: Eine Streuung von zerplatzten Geröllen mit gelegentlichen Massierungen und eine vergleichsweise lockere Verteilung mittelbronzezeitlicher Keramik wurde festgestellt.

Da der Fundhorizont nur 5–10 cm stark war, wurde er in einem Arbeitsgang abgebaut. Um nicht mit einer Einzeldokumentation der Steine zuviel Zeit zu verlieren, wurden sie nur ausnahmsweise freigeputzt (Abb. 19), ansonsten aber nur pro Viertelquadrat gezählt und gewogen. Beim bisherigen Auswertungsstand läßt sich erkennen, daß die Steinverteilung sehr ungleichmäßig ist und hohes Steinaufkommen mit Keramikmassierungen einhergeht. Da die Keramik zum Teil sehr stark verwittert ist, dürfte die Überdeckung mit Auelehm erst deutlich später als das Siedlungsende eingetreten sein. Eine Datierung steht noch aus. Angesichts der teilweise mehrere Meter mächtigen Kolluvien an den Hangfüßen und in den Mulden des zentralen Hegaus überrascht die vergleichsweise dünne Auelehmdecke von nur 30–40 cm, die zudem nicht von der Radolfzeller Aach, sondern eher von einem Bachlauf stammen dürfte.

Hilzingen-Duchtlingen „Im Winkel"

Wiederum in ausgesprochener Tallage (Abb. 20) fand sich in Hilzingen-Duchtlingen „Im Winkel" in einer Baugrube mittelbronzezeitliche Keramik.
Durch kleinere Sondagen neben dem Neubau waren noch Beobachtungen zur Befundsituation möglich. Demnach liegt die Fundstelle unmittelbar an einem heute weitgehend kanalisierten und verrohrten Bachlauf. Es zeigte sich, daß der alte Talgrund ca. 3 m tiefer lag als heute. In dieser Tiefe fanden sich in schwarz-humosem Boden ohne jüngere Beimischungen unverrollte Scherben der Hinkelsteingruppe. Der genaue zeitliche Ablauf der Sedimentation bis zur heutigen Oberfläche ist noch weitgehend unklar, doch zeigten die abwechselnden Lehm-, Kies-, Sand- und Anmoorschichten eine sehr wechselhafte Wasserdynamik. Da auch Eichenpfosten sowie eventuell frühmittelalterliche Bachbettverbauungen aus Eichenspältlingen und großen Steinblöcken angetroffen wurden, kommt dem Fundplatz zukünftig eine Schlüsselrolle bei der Untersuchung landschaftsgeschichtlicher Fragen im zentralen Hegau zu. Leider wurden die frühmittelbronzezeitlichen Schichten bei den Sondagen nicht mehr angeschnitten, doch erscheint es aufgrund des Gesamtbefundes sicher, daß es sich auch hierbei um Funde aus einem Bachbett handelt.

Singen „Reckholderbühl"

Bei Erschließungsarbeiten im Neubaugebiet „Reckholderbühl" in der Singener Nordstadt im Frühjahr 1991 wurde ein bis zu 1,20 m mächtiger, humoser Bodenhorizont angetroffen, in dem besonders eine Steinpackung auffiel. Die Freilegung erbrachte dann eine noch mindestens 9 m^2 große, in der Mitte gemuldete Steinsetzung (Abb. 21). Die Zweckbestimmung dieser zur Urnenfelderkultur gehörenden Anlage war zunächst unklar, jedoch fiel sofort auf, daß im ganzen Bereich Wasser austrat, so daß eine Deutung als Quellfassung die plausibelste Erklärung ist.
Fast 30 m über der Aach gelegen, wurden in diesem über weite Strecken des Jahres wasserführenden Quellbereich auch während der späten mittleren Bronzezeit und in römischer Zeit Wasserstellen mit Steinen eingefaßt. Scherben der mittelneolithischen Großgartacher Kulturgruppe, der mittleren Bronzezeit sowie der Latènezeit lassen für diese Zeitabschnitte entsprechende Anlagen vermuten, die aber aus Zeit- und Geldmangel nicht mehr aufgedeckt werden konnten. Parallel zu den archäologischen Grabungen führte R. Vogt bodenkundliche Bohrungen durch, die zu dem unerwarteten Ergebnis führten, daß die im Bereich der Wasserstellen angeschnittenen humosen Bodenhorizonte (Kolluvien) eine heute kaum noch sichtbare, etwa 170 m nach Westen reichende Senke ausfüllen (Abb. 22).
Da die Quellfassungen bewiesen, daß Teile dieses humosen Horizontes seit dem Ende der Bronzezeit nicht mehr umlagert worden sind, wurden im Senkenbereich hervorragende Erhaltungsbedingungen für zeitgleiche und auch ältere Siedlungsbefunde erwartet. Für die Urnenfelderkultur bestätigte sich dies im Ansatz. Die aufgrund

Abb. 21 Singen „Reckholderbühl". Urnenfelderzeitliche Wasserstelle in verschiedenen Ausgrabungsstadien. Oben: Gemuldete Steinpackung im Kolluvium. Unten: Schnitt durch die Wasserstelle mit großen Trittsteinen nach Entfernen der oberen Steinlagen.

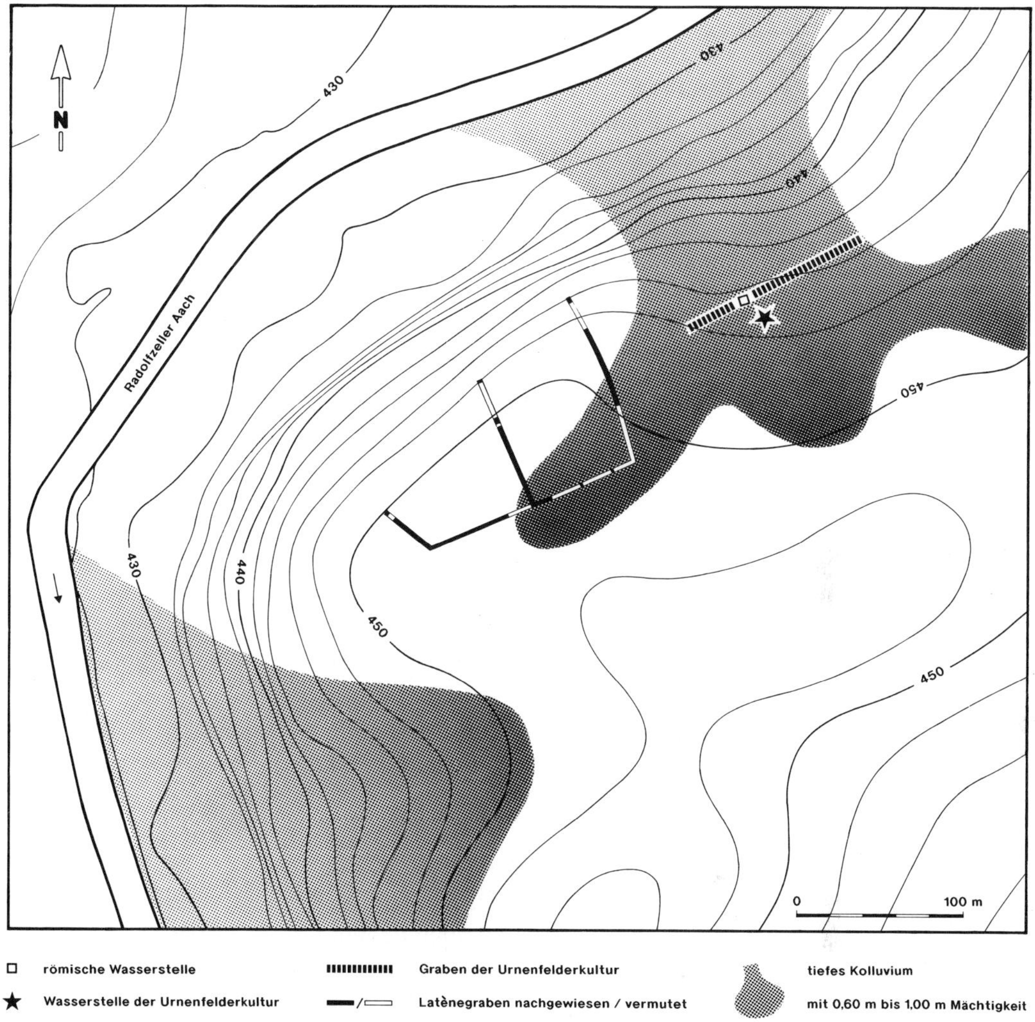

Abb. 22 Singen „Reckholderbühl". Vereinfachter Übersichtsplan mit den wichtigsten archäologischen Befunden sowie der Ausdehnung stärkerer kolluvialer Bodenhorizonte (vgl. Abb. 11 Nr. 5).

der Gesamtsituation erwarteten Großgartacher Baubefunde blieben aus, statt dessen fanden sich nur einige maximal noch 0,5 m tiefe Gruben und urgeschichtliche Baumwurflöcher. Offenbar war es im Senkenbereich bereits vor der Urnenfelderkultur zu einer großflächigen Erosion gekommen, der die mittelneolithischen Befunde weitgehend zum Opfer fielen, eine für die Entstehungsgeschichte der Kolluvien im zentralen Hegau sehr wichtige Einzelbeobachtung.

Weitere Hinweise zum Erosionsgeschehen erbrachte ein spätlatènezeitliches Grabensystem (Viereckschanze), welches eine Fläche von mindestens 100 x 130 m mit einem maximal noch 1,10 m tiefen und bis zu 1,70 m breiten Graben einschloß. Nach Norden wurde der Graben immer flacher, um schließlich ganz zu verschwinden. Gleichzeitig trat hier direkt unter dem Pflughorizont gänzlich unverwittertes Moränenmaterial auf, während im Südostbereich der Viereckschanze noch das komplette Parabraunerdeprofil erhalten war. Gleiche Eingrabungstiefe für alle Grabenabschnitte vorausgesetzt folgt daraus, daß wir im Hangbereich zur Radolfzeller Aach hin während der letzten zwei Jahrtausende einen flächenhaften Abtrag von mindestens einem Meter nachweisen können.

Zusammenfassung und Ausblick

Versuchen wir abschließend die kurz skizzierten Einzelbeobachtungen in ihrer Bedeutung für zukünftige Forschungen sowie die denkmalpflegerische Praxis zusammenzufassen und zu bewerten, so sind folgende Punkte festzuhalten:
Im Hegau lassen sich je nach Genese verschiedene Typen der kolluvialen Überdeckung unterscheiden: Einmal handelt es sich um Kolluvien, die offenbar ohne Mitwirkung eines Fließgewässers durch allmählichen Eintrag von Feinmaterial zustande gekommen sind (z. B. Mühlhausen „Lachen", Singen „Reckholderbühl"), oder ausgesprochene Talfüllungen, die unter Beteiligung eines Baches entstanden (Duchtlingen „Im Winkel"). Dazwischen kommen Übergangsformen vor (z. B. Hilzingen „Forsterbahn"), und es sind als weiteres Element schnelle Umlagerungen, eventuell auch Hangrutschungen als Folge von Starkregen zu berücksichtigen.
Aufgrund ausgeprägter Reliefunterschiede im Hegau haben die angeführten Beobachtungen jeweils nur für kleine bis kleinste Landschaftsausschnitte Gültigkeit. Nur die Summe zahlreicher weiterer Einzelbeobachtungen kann zu Verallgemeinerungen betreffs Datierung, Ursachen und Ausmaß des Erosionsgeschehens führen.
Da für die mittlere Bronzezeit des Hegaus der Nachweis gelang, daß in den Siedlungen kaum Gruben angelegt wurden, sind in Zukunft vermeintlich verschwemmte Scherbenstreuungen auch anderer Zeitepochen an den Hangfüßen und in den Tälern genau zu beobachten und ihre Entstehung durch Grabungen abzuklären, denn häufiger als bisher beobachtet scheinen sich in den dort auftretenden Kolluvien auch alte Siedlungsoberflächen zu befinden, ohne daß diese sich farblich von den Schichten im Hangenden und Liegenden absetzen müssen. Ein flächiger Baggerabzug bis auf den gewachsenen Boden ohne vorherige feinstratigraphische Sondierungen verbietet sich an solchen Plätzen von selbst. Darüber hinaus finden sich unter kolluvialer Bedeckung bisher kaum bekannte Befundgruppen.
Der vergleichsweise hohe Skelettanteil der Moränenböden im Hegau verhinderte Erosionsbeträge, wie wir sie etwa aus den Lößgebieten kennen. Daraus folgt, daß der Hegau und vergleichbare Landschaften bei siedlungsarchäologischen Untersuchungen in Zukunft stärker zu berücksichtigen sind als bisher.
Die große Zahl der unmittelbar an ackerbaulich geeigneten Flächen heranreichenden Moore machen den Hegau zum idealen Forschungsobjekt, wo am Modell einer stark reliefierten Kleinlandschaft in interdisziplinärer Zusammenarbeit von Paläobotanik, Bodenkunde und Archäologie der Einfluß des Ackerbau treibenden Menschen auf das Erosionsgeschehen untersucht werden kann. In diesem Zusammenhang ist auch die Frage zu prüfen, inwieweit sich Auelehmbildungen in der Niederung der Radolfzeller Aach als Indikatoren für flächenhafte Erosionsvorgänge im Hegau nachweisen lassen.

Bodo Dieckmann

Literatur

B. Dieckmann, Ein mittelneolithischer Fundplatz bei Mühlhausen im Hegau – Stratifizierte Funde der Hinkelsteingruppe, der Stichbandkeramik und der Großgartacher Gruppe. Arch. Nachr. Baden 38/39, 1987, 20 ff.

B. Dieckmann/B. Fritsch, Linearbandkeramische Siedlungsbefunde im Hegau. Arch. Korrbl. 20, 1990, 25 ff.

B. Ehrminger, Quartärgeologische Untersuchungen unter besonderer Berücksichtigung holozäner Deckschichten zwischen Hilzingen und Singen (Südbaden) (Unpubl. Diplomarbeit Freiburg 1988).

B. Fritsch, Die linearbandkeramische Siedlung Hilzingen-Forsterbahnried und die altneolithische Besiedlung des Hegaus (Unpubl. Diss. Freiburg).

Archäologische und bodenkundliche Beobachtungen zu Bodenerosion und Akkumulation in Hornstaad am Bodensee

Im Rahmen des DFG-Schwerpunktprogramms „Siedlungsarchäologische Untersuchungen im Alpenvorland“ ist in einem Teilbereich der Halbinsel Höri, das heißt im Umfeld der Siedlungen Hornstaad, eine großmaßstäbige Bodenkarte (1 : 5000) erstellt worden. Bei diesen Kartierungsarbeiten zeigte sich, daß Kolluvien als Ergebnis flächenhaften Bodenabtrags in diesem stark reliefierten Gelände weit verbreitet sind (Vogt 1990).

Das Ausgangsmaterial der Bodenbildung ist überwiegend eine Deckschicht aus einer Mischung von äolisch herantransportiertem Grobschluff bis Feinsand sowie würmeiszeitlicher Grundmoräne. Die Mächtigkeit des Decksediments beträgt meist 30 bis 50 cm; in ihm entwickelte sich der an tonigen Partikeln abgereicherte AF_l-Horizont des Klimaxbodens, der Parabraunerde. Im Unterboden, meist mit Grundmoräne als Ausgangsmaterial der Bodenbildung, entstand der durchschnittlich ca. 60 cm mächtige Tonanreicherungshorizont (B_t-Horizont). Die Substratunterschiede innerhalb der Parabraunerde-Horizonte bewirken, daß der weniger bindige, das heißt tonarme Oberboden leicht verlagert werden kann, dagegen der tonreichere Unterboden der Erosion stärker widersteht.

Die Entstehung von Kolluvien, das heißt die Sedimentation abgeschwemmten Oberbodenmaterials in Senken und an Hangfußflächen, ist am Bodensee nicht so spektakulär wie in den Lößgebieten (z. B. Kaiserstuhl) mit mehreren Metern Sedimentmächtigkeit. Die großflächige Verbreitung dieser anthropogen bedingten Böden gibt am Bodensee jedoch einen Hinweis auf die dort abgelaufene, nachhaltige Landschaftsbeeinflussung in den letzten 6000 Jahren durch die landbauliche Nutzung. Die Kolluvien selbst zeigen keinen homogenen Aufbau. Substratwechsel im Profil weisen auf Schichtwechsel oder Änderungen im Einzugsgebiet hin. Interessanterweise sind die Kolluvien mit feinen Holzkohleflittern durchsetzt, deren Entstehungsgeschichte bisher aber noch unklar ist und weiterer Untersuchungen bedarf. Der Schluß, aus diesen Befunden heraus zum Beispiel Brandrodung als Vorbereitung der ackerbaulichen Nutzung abzuleiten, wäre momentan noch rein spekulativ.

Neben Artefakten bilden diese Holzkohlen den wichtigsten Ansatzpunkt zur Altersbestimmung der Kolluvien und damit für landschaftsgenetische Aussagen. Inwieweit sich auch die von A. Lang in diesem Band vorgestellte Luminiszenz als Datierungsmethode von Kolluvien bewähren wird oder zusammen mit anderen Methoden die ^{14}C–Datierungen ergänzt, dürften weitere Untersuchungen zeigen.

Zunächst aber zu den Artefakten im archäologischen Sinn: Um die Landschaftsgeschichte eines größeren Raumes zu erfassen, sind sie wegen ihres seltenen Vorkommens nur punktuell zur Datierung geeignet. Zudem stellt sich von archäologischer Seite her häufig die Frage: Sind die Scherben oder sonstige Artefakte mit dem Abschwemmungsmaterial mit umgelagert worden oder stellt nicht vielmehr ein älteres Kolluvium die Siedlungsoberfläche einer jüngeren Kulturgruppe dar? Meist läßt sich diese Frage nicht ohne weiteres klären.

Der Grad der Verrollung von Scherben, die Größe der Artefakte oder die richtige beziehungsweise inverse Stratigraphie können hier zu einer Klärung beitragen. Ferner spiegeln noch im Verband liegende Bruchstücke von Artefakten meist eine in situ-Lage wieder. Damit ist klar festzustellen, daß Funde in Kolluvien nicht automatisch mit „weniger bedeutend“, da nicht in Originallage befindlich, gleichzusetzen sind. Vielmehr ist im Zuge der landbaulichen Tätigkeit seit der Bandkeramik mit dem Auftreten erster Kolluvien zu rechnen, die als Siedlungsgrundlage für spätere Kulturgruppen dienen. Innerhalb der Sedimentationsgeschichte eines mehrphasigen Kolluviums sind also zahlreiche Oberflächen- bzw. Siedelniveaus enthalten.

Während für eine herkömmliche ^{14}C-Datierung einige Gramm Holzkohle benötigt werden, erlaubt die Datierung mit Hilfe des Massenbeschleunigers selbst Flitter oder Kleinstmengen im Milligrammbereich zu untersuchen. Die mögliche Datierbarkeit solch kleiner Probenmengen würde in großem Umfang die Anwendbarkeit des Verfahrens bei der zeitlichen Einordnung der Kolluvienentstehung schaffen und damit einen Rahmen für landschaftsgeschichtliche Untersuchungen eröffnen. Zudem läßt sich datierfähiges Material aus den feinen Straten von Kolluvien in notwendigen Größenordnungen für eine herkömmliche ^{14}C-Datierung nur sehr selten gewinnen. Aufgrund ihrer großflächigen Verbreitung wären hingegen im Bodenseegebiet die feinverteilten Flitter bestens geeignet. Da sich die Kolluvien im Bereich der Halbinsel Höri weitgehend aus abgeschwemmtem Oberbodenmaterial aufbauen, sind sie fast immer entkalkt, und es treten somit bei der Datierung keine Störungen durch Karbonate auf (Vogt 1990). Daß vereinzelt auch Profile mit einer sekundären Aufkalkung von oben auftreten sei nur randlich ergänzt.

Obengenannte Forschungsansätze führten dazu, in einer ersten methodischen Voruntersuchung 3 Holzkohleproben (Ua 811–813) aus dem Kolluvium einer Baugrube in Horn zu entnehmen und im Labor in Uppsala datieren zu lassen. Dabei zeigte sich, daß die in den Kolluvien auftretenden Holzkohlestückchen als Probenmenge genügten und die Altersbestimmungen „normale“ stratigraphische Verhältnisse, das heißt jüngstes oben, ältestes unten, wiedergaben. Das in die Frühbronzezeit zurückreichende Alter der Kolluvienbasis (1940–1678 v. Chr.) war zudem ein weiterer interessanter Aspekt. Diese ersten erfolgversprechenden Voruntersuchungen führten in einer weiteren Baugrube, näher seewärts gelegen in Hornstaad, zu einer verfeinerten Untergliederung der kolluvialen Ablagerungen (Dieckmann/Maier/Vogt 1992).

Das dortige Profil weist bei einer Mächtigkeit des Kolluviums von mehr als 2 m an seiner Basis einen fossilen Anmoorgley aus Molassesandstein auf, der dann Zug um Zug mit umgelagertem Substrat überdeckt worden ist. Dieses Profil wurde bodenkundlich charakterisiert, beprobt und in Teilbereichen datiert. Bodenphysikalische und chemische Untersuchungen zur weiteren Materialcharakterisierung stehen indes noch aus. Bei den Untersuchungen ergab sich aus der Profiltiefe die in Abb. 23 dargestellte Alterstendenz, die auch hier weitgehend dem stratigraphischen Gesetz (jüngeres oben, älteres unten) entspricht. Im tiefsten Profilteil zwischen 220 und 230 cm ist die Abfolge jedoch nicht stetig und sind „Ausreißer“ bisher nicht bekannter Ursache zu beobachten. Zu alte Radiokarbondaten könnten hier mit einer erneuten Aufarbeitung bereits früher kolluvial umgelagerten Materials erklärt werden. Zudem kann eine Störung durch die Tätigkeit bodenwühlender Tiere nicht gänzlich ausgeschlossen werden.

Aber auch solche bezüglich ihrer Tiefenlage scheinbar zu alte Daten können wichtige Informationen enthalten, wie die Zeitmarke 5055–4853 v. Chr. als Beispiel zeigt. Dieses Datum korrespondiert mit nicht stratifizierbaren Scherbenfunden der Großgartacher Kultur, die in der Siedlung Hornstaad gefunden und als zufällige Komponenten im verwendeten Baumaterial gedeutet werden (Dieckmann 1990). Durch den Holzkohlenfund werden aber die Aktivitäten dieser Kulturgruppe auf der Höri immer wahrscheinlicher, obwohl ein zugehöriger Siedlungsplatz bisher nicht nachgewiesen werden konnte.

Wird nun, wie in Abb. 23 dargestellt, die Tiefenlage im Profil mit den Datierungen in Beziehung gesetzt, so lassen sich die Sedimentationsraten bei der Entstehung des Kolluviums ableiten, die wiederum Rückschlüsse auf Stagnations- und Aktivitätsphasen in der Siedlungs- und landwirtschaftlichen Tätigkeit zulassen. Dabei wird deutlich, daß trotz möglicher Datierungsausreißer im untersten Profilteil der Sedimentationszuwachs im Jung- und Endneolithikum noch sehr niedrig ist; für die Zeit vor dem Jungneolithikum fehlt bisher noch das Datenmaterial. Dann beginnt ein Anstieg Ende Endneolithikum/Frühe Bronzezeit, um wenig später, in der Frühbronzezeit, einen extrem hohen Sedimentationszuwachs zu erreichen. Hierin kommt möglicherweise eine technologische Neuerung, nämlich der aufkommende Pflugbau, zum Ausdruck. Danach geht die Sedimentationsrate wieder sehr stark zurück, was für geringere Aktivitäten spricht und auch im fast völligen Fehlen von Funden der Mittel- und Spätbronzezeit im Bereich der Höri zum Ausdruck zu kommen scheint. Nachfolgend zeigt die bisherige Datengrundlage dann einen Anstieg bis in die Neuzeit.

Aus der Abbildung ist aber auch ersichtlich, daß teilweise besonders lange Perioden zwischen zwei Zeitmarken auftreten können. Als Beispiel sei hier auf die Periode zwischen Hallstatt- und Merowingerzeit verwiesen. Mit ergänzenden Datierungen ließe sich dieser Abschnitt sicherlich noch in weitere Aktivitäts- und Stagnationsphasen zerlegen. Der Durchschnittswert allein ist für so eine lange Zeitspanne von nur geringer Aussagekraft. Der außergewöhnlich starke Anstieg im Sedimentzuwachs der Frühbronzezeit beschränkt sich dagegen auf eine nur sehr kurze Zeitdauer, wobei hier dann „Einzelereignisse“ bei den Erosions- und Akkumulationsprozessen überproportional durchschlagen könnten.

Daher sollte bei der bisherigen Datenlage der aus Abb. 23 ablesbare Akkumulationsverlauf nicht überinterpretiert, wohl aber ein erster Trend und die in diesem Forschungsansatz steckenden Möglichkeiten aufgezeigt werden. Zu weiterreichenden Aussagen sind letztendlich noch mehr Datierungen notwendig. Die bisherigen Ergebnisse sind aber auch insofern beachtenswert, als sich nun Rodungs- oder Siedlungsphasen nicht nur über die Untersuchung von Pollenprofilen in Seen und Mooren fixieren lassen, sondern Aussagen auch im terrestrischen Bereich über die Datierung der Kolluvien getroffen werden können. Zudem ist über die Untersuchung

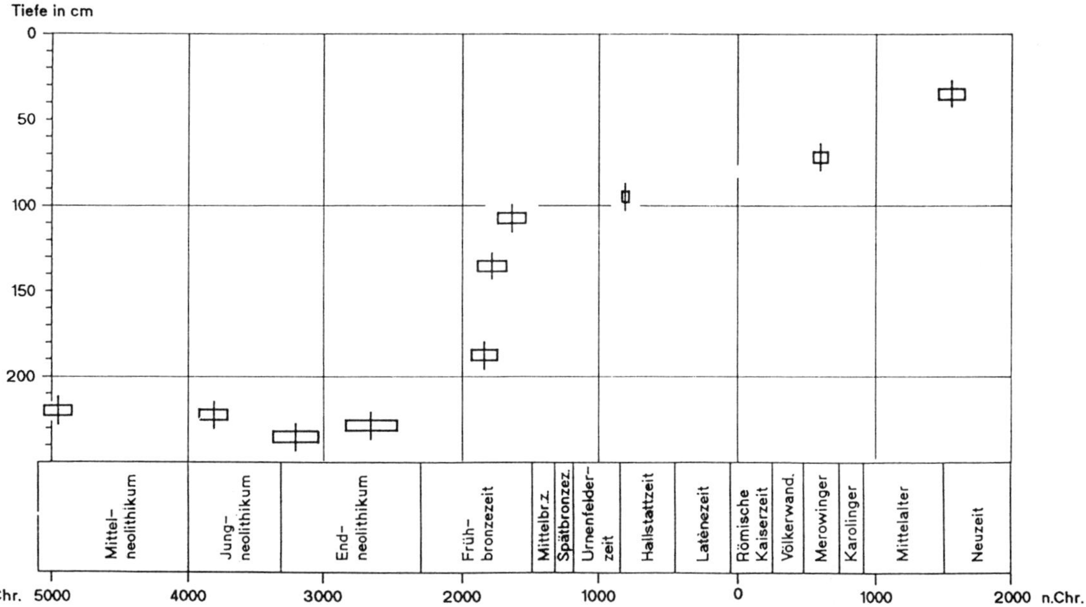

Abb. 23 Zeit- und Tiefendiagramm eines Kolluviums bei Hornstaad am Bodensee.

verschiedener Kolluvien die Möglichkeit gegeben, direkt die anthropogene Umweltbeeinflussung bestimmter Landschaftsteile kleinräumlich und zeitlich fassen zu können.

Für den Bodenseebereich sind sehr viele Rodungsphasen aus Pollenprofilen heraus postuliert worden, zu denen seitens der Archäologie noch keine Siedlungen zugewiesen werden konnten (Rösch 1993). Vermutlich ließen sich über die Untersuchung der Kolluvien als Folge direkter anthropogener Eingriffe diese Rodungstätigkeiten sogar vor Ort bestätigen oder möglicherweise auch ausschließen. Einige interessante Neuentdeckungen sind hier sicherlich zu erwarten.

Um also die ältesten landbaulichen Aktivitäten auf der Hörispitze über einen direkten Parameter, wie ihn die Kolluvienbildung darstellt, zu erfassen, sind insbesondere im seenahen Bereich geomorphologische Tiefenlinien im Umfeld entsprechender Siedlungsstrukturen zu untersuchen. Ein diesbezüglich lohnendes Forschungsobjekt könnte das Grabungsgelände beim Strandbad in Horn sein (Dieckmann/Vogt 1993), wo sich über einen Torf am Fuß einer Kliffkante des Bodensees ein mehr als 1 m mächtiges, teilweise auch über Artefakte zu datierendes Kolluvium in Seenähe gelegt hat.

Richard Vogt

Literatur

B. Dieckmann, Zum Stand der archäologischen Untersuchungen in Hornstaad. Ber. RGK 71, 1990, 84 ff.

B. Dieckmann/U. Maier/R. Vogt, Die neolithischen Ufersiedlungen von Hornstaad-Hörnle am Bodensee, Kreis Konstanz. Neue Ergebnisse der Archäologie, Botanik und Bodenkunde. Arch. Ausgr. Baden-Württemberg 1992, 67 ff.

B. Dieckmann/R. Vogt, Zum vorläufigen Abschluß der Ausgrabungen in Hornstaad-Hörnle, Kreis Konstanz. Arch. Ausgr. Baden-Württemberg 1993, 67 ff.

M. Rösch, Prehistoric land use as recorded in a lake-shore core at Lake Constance. Veget. Hist. Archaebot. 2, 1993, 213 ff.

R. Vogt, Pedologische Untersuchungen im Umfeld der neolithischen Ufersiedlungen Hornstaad-Hörnle. Ber. RGK 71, 1990, 136 ff.

Älterholozäne Sedimentation und Besiedlung in der Talaue des Neckars bei Rottenburg, Kreis Tübingen

Freilandfundplätze des Mesolithikums sind in Baden-Württemberg sehr häufig. Ihre Gesamtzahl könnte sich vielleicht auf weit mehr als eintausend belaufen (Kind 1988; Hahn 1983). Zumeist handelt es sich um Sammelinventare von der Oberfläche. Charakteristikum der meisten Stationen ist ihre Lage auf sandigen oder kiesigen Kuppen und Spornen in der näheren Umgebung von Bächen oder Quellen (Schmitt 1984; Kvamme/Jochim 1985). Zudem ist eine chronologische Differenzierung erkennbar. Steinartefakte des präborealen und frühborealen, älteren Frühmesolithikums (des Beuroniens A und B im Sinne von W. Taute 1973/74; 1975) überwiegen bei weitem, während solche des spätborealen, jüngeren Frühmesolithikums (des Beuroniens C) und des atlantischen Spätmesolithikums selten sind beziehungsweise sogar ganz fehlen (Lüning 1991, Jochim 1990). Diese auffälligen Fundverhältnisse haben zu zwei Modellen geführt, die das mesolithische Siedlungsverhalten in Südwestdeutschland (und darüber hinaus in ganz Mitteleuropa) erklären sollen:

1. Die Menschen des älteren Frühmesolithikums siedelten überwiegend auf Geländeerhebungen (Kvamme/Jochim 1985), in Höhlen und unter Felsdächern.
2. Während des jüngeren Frühmesolithikums und besonders des Spätmesolithikums verschärfte sich wegen des Rückgangs der Huftierbiomasse im immer dichter werdenden holozänen Wald die Ernährungsgrundlage. Die mesolithischen Menschen zogen sich in spezielle, ökologisch günstigere Gebiete zurück, zumeist in der näheren Umgebung größerer Gewässer (Jochim 1990). Hieraus resultierte ein allgemeiner Rückgang der Bevölkerungsdichte und eine großflächige Entvölkerung der übrigen Landschaft. Diese umfangreichen demographischen Verschiebungen ermöglichten letztendlich die Landnahme Mitteleuropas durch bandkeramische Kolonisten (Lüning 1991).

Ausgrabungen des Landesdenkmalamtes Baden-Württemberg in der Talaue des Neckars bei Rottenburg im Landkreis Tübingen werfen nun ein neues Licht auf diese Modelle. Auf einem begrenzten Areal von nur wenig mehr als 5000 m^2 konnten hier drei mesolithische Freilandfundstellen ergraben werden, weitere sind zu vermuten. Die drei Stationen erbrachten vier archäologische Horizonte, von denen einer in das Spätmesolithikum, zwei in das spätboreale Beuronien C und einer in das frühboreale Beuronien B datiert werden können. Alle vier Fundhorizonte waren in einen homogenen gelbbraunen Hochflut- bzw. Auelehm eingebettet.

So zeigt sich, daß zumindest die Talaue des Neckars von Rottenburg über mehr als ein Jahrtausend vom beginnenden 7. bis in das 5. vorchristliche Jahrtausend hinein immer wieder von mesolithischen Menschen aufgesucht wurde. Ähnliches ist, wie eine neue Fundstelle aus dem Tal der Alb in Ettlingen im Landkreis Karlsruhe zeigte (Schallmeyer 1990, Pasda 1994), auch für andere Talniederungen zu vermuten. Es gab also vom Früh- bis ins Spätmesolithikum in den

Talauen zumindest partiell eine Siedlungskontinuität. Neben Geländeerhöhungen, Seen, Abris und Höhlen wurden zu allen Perioden des Mesolithikums auch die Täler aufgesucht.
Hiermit dürfte es notwendig sein, die griffigen Modelle bezüglich des Siedlungsverhaltens im Mesolithikum zu verifizieren. Es scheint sich abzuzeichnen, daß andere als demographische Ursachen für das vermeintliche Überwiegen von frühmesolithischen Stationen auf Spornen und Kuppen sowie von spätmesolithischen an Seen und größeren Gewässern verantwortlich gemacht werden müssen.
Die Häufigkeit mesolithischer Fundstellen auf Spornen und Kuppen verwundert nicht. Eine starke Sedimentation ist in diesen Geländepositionen seit dem beginnenden Holozän auszuschließen, und so liegen hier die Funde in der holozänen Bodenbildung. Durch landwirtschaftliche Bearbeitung geraten sie auf die Oberfläche, von der sie leicht abgesammelt werden können. Intakte Fundhorizonte sind nicht mehr zu erwarten, ebenso ist damit zu rechnen, daß durch Erosion und die Beackerung selbst die Fundstreuungen bald zerstört sein werden. Auffällig bleibt allerdings die Seltenheit von Inventaren des spätborealen und atlantischen Mesolithikums auf den Geländeerhebungen. Da eine selektive Erosion ausschließlich dieser Fundhorizonte nicht anzunehmen ist, müssen andere Gründe verantwortlich gemacht werden. Es wäre daran zu denken, daß im dichten spätborealen und atlantischen Wald die Ernährungsmöglichkeiten in der Talaue oder an Seen günstiger gewesen sind, ebenso ist bei einer Bewaldung der gute Ausblick von den Geländeerhöhungen reduziert.
Die Erhaltungsbedingungen für archäologische Fundhorizonte in der Talaue sind generell als schlecht einzuschätzen. Dies zeigt sich auch in der Umgebung von Rottenburg. Nur wenige Dutzend Meter von den mesolithischen Freilandstationen entfernt existieren mehrere tiefe und breite Rinnen, in denen der Neckar älterholozäne Sedimente bis auf den liegenden Schotter ausgeräumt und mit jüngeren, teilweise sogar rezenten Auelehmen wieder verfüllt hat. Die mesolithischen Stationen liegen hier somit auf einer Art Horst, umgeben von großflächigen Ausräumungszonen.
Die mesolithischen Fundstellen Siebenlinden 1 bis 3 zeigen aber, daß zumindest an günstigen Stellen älterholozäne Sedimente in der Talaue erhalten sein können. Die Schwierigkeit dürfte im allgemeinen nur sein, sie zu finden. In der Talaue von Rottenburg sind die mesolithischen Fundhorizonte bis zu 1,5 m tief unter Hochflutlehmen begraben. Hätte es an dieser Stelle nicht durch Baumaßnahmen verursachte Ausgrabungen in einer hallstatt- und latènezeitlichen Siedlung gegeben (Reim 1990), bei denen sie angeschnitten wurden, wären sie weiterhin unerkannt geblieben. Es ist anzunehmen, daß in anderen Talauen mutmaßliche mesolithische Fundhorizonte ebenso tief oder gar noch tiefer unter jüngeren Sedimenten verborgen sind.
Ein weiterer Umstand bleibt zu erwähnen. Die mesolithischen Stationen in der Talaue bei Rottenburg zeichnen sich durch einen exzellenten Erhaltungszustand für Befunde und organische Materialien wie Knochen und Geweih aus. Zu den Befunden zählen zum Beispiel Feuerstellen. Diese geben sich durch Steinumrandungen, Steinpflaster oder die rote Verziegelung des Lehms zu erkennen. Auffällig ist aber, daß zwar der Auelehm im Bereich der Fundstreuungen mit Holzkohleflitterchen durchsetzt ist, markante Holzkohlekonzentrationen im Bereich der Feuerstellen sind jedoch nur selten vorhanden. Die Befunde

sind im Hochflutlehm einsedimentiert, somit haben die jahreszeitlichen Überschwemmungen die Stationen erreicht. Allerdings wurden hierbei nur die Holzkohlepartikel aufgeschwemmt und über größere Flächen verteilt, die anderen Fundobjekte blieben unbeeinflußt. Dies zeigen die latenten Befunde wie Konzentrationen kleiner Absplisse oder Knochensplitter. Hieraus ist zu schließen, daß die Bewegungsenergie des Hochwassers im Bereich der mittelsteinzeitlichen Lagerplätze nicht sehr hoch gewesen sein kann. In der sehr breiten Aue des Neckars bei Rottenburg verteilte es sich auf eine große Fläche, womit die Fließgeschwindigkeit stark verringert, in den lateralen Bereichen sogar fast ganz herabgesetzt wurde. Dies ist für andere Flußsysteme, speziell in engeren Tälern, nicht anzunehmen, so daß zu vermuten steht, daß hier ähnlich gelagerte Stationen nicht einsedimentiert, sondern schon kurz nach ihrem Verlassen durch das nächste Hochwasser zerstört worden sind. Es zeigt sich somit, daß die Möglichkeiten zum Auffinden mesolithischer Fundstellen in der Talaue von zahlreichen Faktoren abhängig sind, die letztendlich vom Zufall gesteuert werden. Nur die überaus günstigen Bedingungen in der Talaue des Neckars bei Rottenburg haben bewirkt, daß sie erhalten und auch entdeckt werden konnten. Erst die Klärung von Sedimentationsmechanismen kann Aufschluß über die Gründe für das Fehlen von mesolithischen Stationen – wie anderer Fundstellen auch – geben.

Neben natürlichen Selektionsbedingungen der Sedimentation spielen aber noch andere Faktoren eine Rolle, die anthropogen begründet sind. Der spätmesolithische Fundhorizont der Station Siebenlinden 3 liegt nur etwa 10 cm unterhalb des Pflughorizontes in Auelehm. Eine starke Erosion in der Talaue dürfte weitgehend auszuschließen sein, sieht man von geringfügigen Verschiebungen durch landwirtschaftliche Bearbeitung ab, die partiell – auch in der Talaue von Rottenburg – zur Herausbildung von „Ackerbergen“ geführt hat. Dies läßt den Schluß zu, daß seit atlantischer Zeit im Bereich der Talaue des Neckars keine starke Sedimentation mehr stattgefunden hat. Es erfolgte eine Humusbildung, die möglicherweise zu schwarzerdeähnlichen Böden geführt hat. Diese Böden sind durch die rezente Beackerung größtenteils überprägt. Der spätmesolithische Horizont liegt unterhalb dieser Bodenbildung und wurde somit gerade noch einsedimentiert, trotzdem aber nicht vom Pflug erfaßt und auch nicht von der Erosion angegriffen. An anderen, etwas stärker geneigten Geländepositionen, zum Beispiel an flachen Hängen, ist aber Erosion vorauszusetzen. Sie begann augenscheinlich unmittelbar nach der Rodung in bandkeramischer Zeit und erfaßte damit zwangsläufig die Fundhorizonte, die unmittelbar unter der Oberfläche lagen, am intensivsten. Daraus kann der Schluß gezogen werden, daß in Geländepartien, die anders als die Talauen, einer gewissen Hangbewegung ausgesetzt waren, spätmesolithische Funde als erste der Erosion zum Opfer fielen.

Auffällig erscheint in diesem Zusammenhang, daß in vielen Höhlen und Abris der Schwäbischen Alb stärkere Sedimentbewegungen nachzuweisen sind, die in das mittlere Atlantikum datiert werden (Campen 1990). In den entsprechenden Profilabschnitten zeigt sich eine starke Blockschuttphase mit Felsgesteinen bis zu 50 cm Durchmesser. Diesen Profilabschnitten sind immer wieder allochthone Bestandteile wie ortsfremder Feinkies beigemischt. Bei diesen Sedimentbewegungen können Ausräumungen angenommen werden.

Diese haben die Horizonte, die in das ältere Atlantikum – somit in das Spätmesolithikum – zu datieren wären, aus den Höhlen und Abris entfernt. Es ist zwar derzeit kein Zusammenhang nachzuweisen, aber es erscheint auffällig, daß die Sedimentbewegungen in den Höhlen und Abris zeitlich mit der anzunehmenden ersten Erosion nach der bandkeramischen Rodungsphase übereinstimmen. Möglicherweise spielen auch noch gewisse klimatische Gründe eine Rolle, die zu einer überregionalen Erosionsperiode führten.

Es scheint sich daher abzuzeichnen, daß das Siedlungsverhalten der bandkeramischen Bauern selbst, insbesondere die zur Anlage der ersten dörflichen Strukturen notwendige Rodung, die Grundlage für die Seltenheit der spätmesolithischen Fundstellen war. Dieses Verhalten bedingte aber auch die Theorie von demographischen Veränderungen im Spätmesolithikum und auch die eines menschenleeren Mitteleuropas, das eine bandkeramische Landnahme ermöglichte. Letztendlich lieferten so die Bandkeramiker selbst eine der Voraussetzungen, die Grundlage für die Annahme ihrer Einwanderung wurde. Es kann also mit der Entdeckung der früh- und spätmesolithischen Freilandfundplätze in der Talaue des Neckars bei Rottenburg gezeigt werden, von wie vielen Faktoren die Erhaltung und Entdeckung bestimmter Stationen abhängig ist. Hierbei spielen Gründe der Sedimentation eine ebenso große Rolle wie potentielle Landschaftsveränderungen durch den prähistorischen Menschen selbst. Daher kommt Prozessen der Sedimentation und Erosion bei der Erhaltung von Fundstellen entscheidende Bedeutung zu. Dies ist letztendlich eine banale Aussage. Aber erst wenn bei vermeintlich auffälligen Charakteristika von Fundstellentypen sämtliche dieser Faktoren überprüft und ausgeschlossen werden können, ist es der Vorgeschichtswissenschaft erlaubt, Modelle und Theorien zu demographischen Verschiebungen in bestimmten prähistorischen Zeiten aufzustellen. Wie die neuen Stationen bei Rottenburg zeigen, ist dies in bezug auf das Früh- und Spätmesolithikum und möglicherweise auch für bestimmte Bereiche der Neolithisierung in Mitteleuropa nicht ausreichend geschehen.

Claus-Joachim Kind

Literatur

I. Campen, Die Sedimente der Höhlen und Abris der Mittleren Schwäbischen Alb und ihre klimatische Ausdeutung (Unpubl. Diss. Tübingen 1990).

J. Hahn, Die frühe Mittelsteinzeit. In: H. Müller-Beck (Hrsg.), Urgeschichte in Baden-Württemberg (Stuttgart 1983) 363 ff.

M. A. Jochim, The late Mesolithic in southwest Germany: culture change or population decline? In: P. M. Vermeersch/P. Van Peer (Hrsg.), Contributions to the Mesolithic in Europe (Leuven 1990)

C.-J. Kind, Das Mesolithikum in Württemberg. In: D. Planck (Hrsg.), Archäologie in Württemberg (Stuttgart 1988) 55 ff.

K. L. Kvamme/M. A. Jochim, The Environmental Basis of Mesolithic Settlement. In: C. Bonsall (Hrsg.), The Mesolithic of Europe (Edinburgh 1985) 1 ff.

J. Lüning, Frühe Bauern in Mitteleuropa im 6. und 5. Jahrtausend v. Chr. Jahrb. RGZM 15, 1988 (1991), 27 ff.

C. Pasda, Altensteig und Ettlingen: Mesolithische Fundplätze am Rand des Nordschwarzwalds. Fundber. Baden-Württemberg 19/1, 1994, 99 ff.

H. Reim, Eine Siedlung der Hallstatt- und Frühlatènezeit im Industriegebiet „Siebenlinden" in Rottenburg a. N., Kreis Tübingen. Arch. Ausgr. Baden-Württemberg 1990, 79 ff.

E Schallmeyer, Eine mesolithische Freilandstation in Ettlingen, Kreis Karlsruhe. Arch. Ausgr. Baden-Württemberg 1990, 22 ff.

K. Schmitt, Zwei neue Karten zur nacheiszeitlichen Besiedlung des Federseebeckens. Berichte zu Ufer- und Moorsiedlungen 1. Materialh. Vor- u. Frühgesch. Baden-Württemberg 2 (Stuttgart 1984) 101 ff.

W. Taute, Neue Forschungen zur Chronologie von Spätpaläolithikum und Frühmesolithikum in Süddeutschland. Arch. Inf. 2/3, 1973/74, 60 ff.

Ders., Ausgrabungen zum Spätpaläolithikum und Mesolithikum in Süddeutschland. In: Ausgrabungen in Deutschland. Monogr. RGZM 1,1 (Mainz 1975) 68 ff.

Archäologie und Sedimentation in der Talaue des Neckars bei Rottenburg, Kr. Tübingen. Die ältestbandkeramische Siedlung im „Lindele“.

Bei Erschließungsarbeiten im Neubaugebiet „Lindele“ am nordöstlichen Stadtrand von Rottenburg wurde 1984 im Fröbelweg eine Siedlung der ältesten Bandkeramik entdeckt, deren Lage sich von den bis dahin bekannten ältestbandkeramischen Siedlungen der Region deutlich unterscheidet, liegen diese doch auf den fruchtbaren Lößflächen im sonnigen, aber niederschlagsarmen Kernbereich des Oberen Gäus in der Nähe von Quellen oder Wasserläufen, in einer Höhe zwischen 415 m und 430 m ü. NN. Der neue Siedlungsplatz erstreckt sich am Fuß einer sanft nach Südosten in die Talniederung des Neckars ausstreichenden Geländezunge, etwa 343 m ü. NN. (Abb. 24 Nr. 1). Seit 1989 werden dort archäologische Untersuchungen

Abb. 24 Rottenburg am Neckar. 1 Ältestbandkeramische Siedlung. 2 Hallstatt- und latènezeitliches Gräberfeld. 3 Linearbandkeramische Siedlung. 4 Mesolithische Fundstellen im Industriegebiet „Siebenlinden I“. Ausschnitt aus der TK 1:25 000, Blatt 7519.

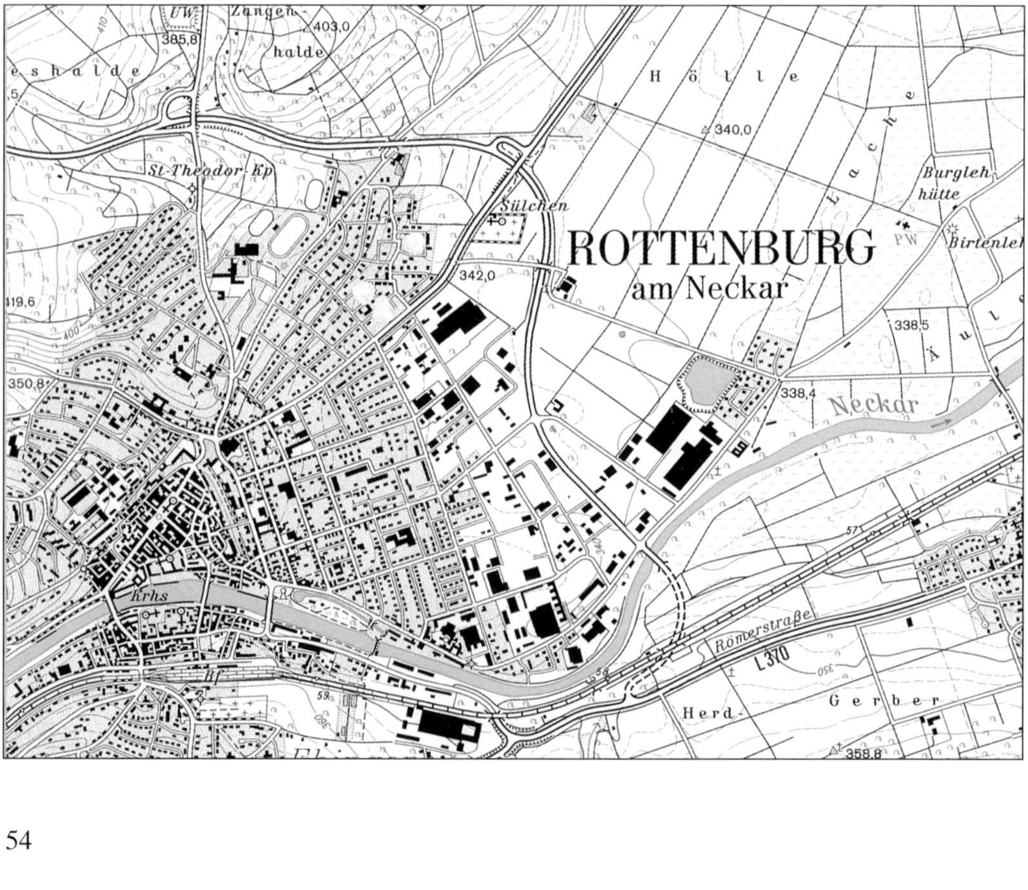

Abb. 25 Rottenburg am Neckar. Numerierung der Fundstellen wie in Abb. 24. Ausschnitt aus der TK 1:25 000, orohydrographische Ausgabe, Blatt 7519.

durchgeführt, in deren Verlauf erstmals im Regierungsbezirk Tübingen der Grundriß eines ältestbandkeramischen Hauses aufgedeckt werden konnte. Es handelt sich um einen mindestens 16,5 m langen und zwischen 5 und 6 m breiten Pfostenbau, einen sogenannten Wohnspeicherbau, mit der für die bandkeramischen Großbauten charakteristischen Dreiteilung des Innenraums in einen Schlaf-, Wohn- und Speicherbereich (Abb. 26 A). Nördlich und östlich von Haus B weisen Pfostengruben, hausbegleitende Gruben und Wandgräbchen auf weitere Bauten hin (Abb. 26 A, C) und auch bei der Untersuchung der Parzelle 11 946 im Jahr 1994 kamen Gebäudespuren zum Vorschein. Siedlungsbefunde in der Parzelle 11 935 im Pestalozziweg und der Parzelle 11 950 im Fröbelweg (Abb. 26 D) zeigen, daß die Siedlung eine Nord-Süd-Ausdehnung von mindestens 125 m aufzuweisen hat, bei einer Breite von ungefähr 60 bis 70 m.

Zwei Knochenproben aus hausbegleitenden Gruben konnten am Institut für Mittelenergiephysik der Eidgenössischen Technischen Hochschule in Zürich datiert werden. Probe 1 (Labornummer ETH-9548) von der Sohle einer Grube am Südwestende von Haus A (Abb. 26 A) weist ein AMS-^{14}C-Alter von 6230 ± 90 auf, das kalibrierte Alter liegt zwischen 5361 und 4941 v. Christus. Probe 2 aus der Längsgrube im Südosten von Haus B (Abb. 26 B) ergab den Wert von 6060 ± 70 und ein kalibriertes Alter zwischen 5210 und 4805

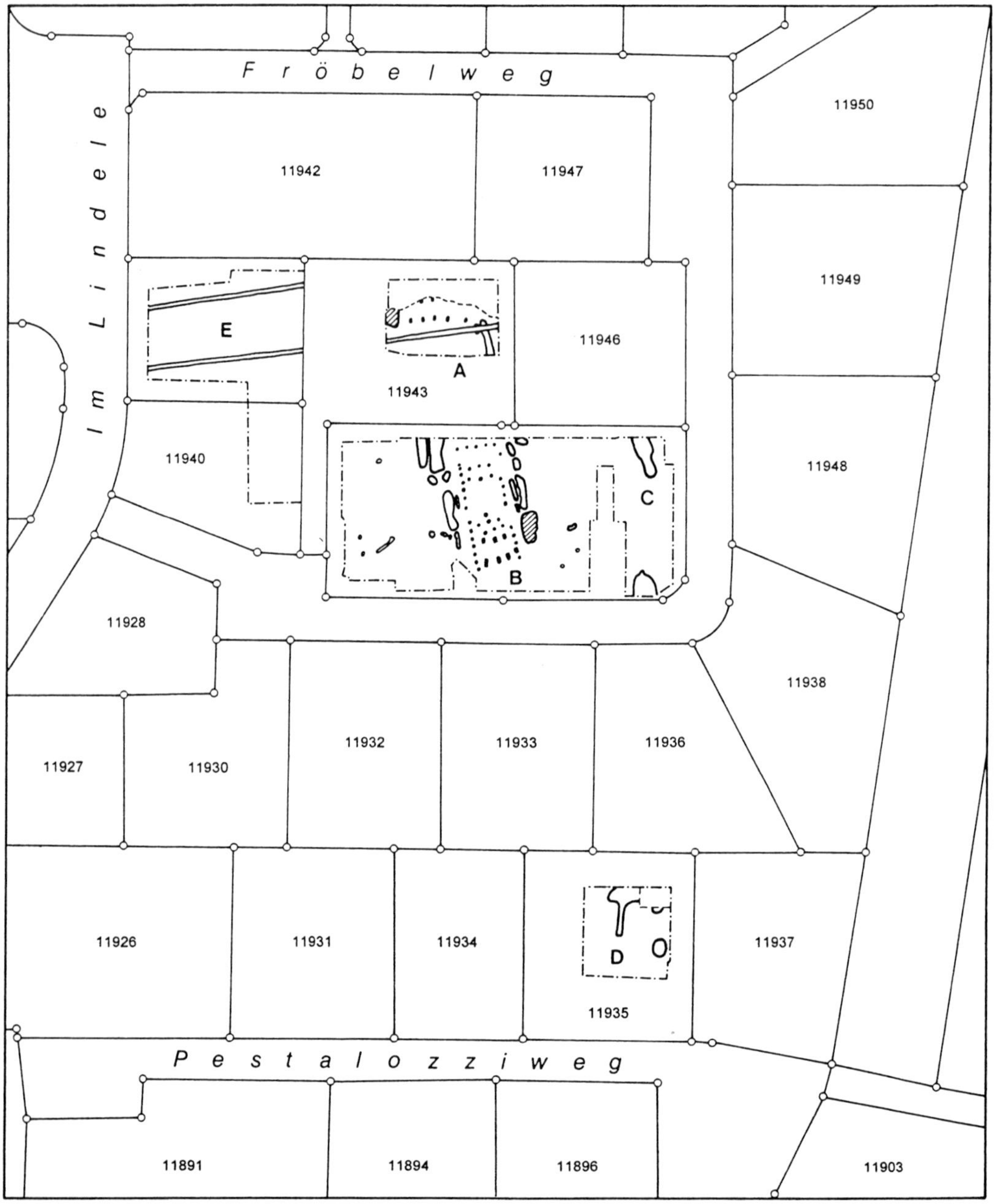

Abb. 26 Rottenburg am Neckar. Gesamtplan der Siedlungsbefunde im Neubaugebiet „Lindele Ost", Bereich Fröbelweg (Stand 1993). A–D bezeichnen Befunde der ältesten Bandkeramik. Die Knochenproben stammen aus den schräg schraffierten Gruben. E in Flurstück 11941 zeigt die Gräben eines römischen Feldweges (vgl. Abb. 28).

v. Christus. Die ^{14}C-AMS-Datierung weiterer Proben ist vorgesehen.
Im Gegensatz zu den neolithischen Siedlungen im Oberen Gäu, wo die alten Bodenoberflächen längst der Erosion zum Opfer gefallen sind, und sich deshalb nur noch die Reste der hausbegleitenden Gruben, nicht aber die Spuren von Pfostenbauten fassen lassen, ist im „Lindele" in Rottenburg der ehemalige Bodenhorizont zur Zeit der ältesten Bandkeramik zumindest in Teilen erhalten geblieben. Dies erklärt sich durch die Lage der Siedlung am Fuß eines nach Nordwesten ansteigenden Hanges, von dem im Laufe der Jahrtausende bis weit über 1 m mächtige Kolluvien abgeflossen sind und die die bandkeramischen Bodenhorizonte überdeckt und damit geschützt haben (Abb. 27; 28). Die Ursachen für diese Erosionsvorgänge sind in großflächigen Abholzungen im Hangbereich und auf der Anhöhe zu suchen, die erstmals mit der Errichtung der ältestbandkeramischen Siedlung erfolgt sein müssen und sich über die römische Zeit hinaus bis in die Neuzeit nachweisen lassen.
Das bandkeramische Fundmaterial, Scherben, Steingeräte und Knochen, ist in das oberste Drittel einer etwa 30 cm mächtigen, schwarzbraunen lehmigen Schicht eingelagert, die als Schwarzerde, Feuchtschwarzerde beziehungsweise Auenschwarzerde bezeichnet werden kann, mit einer Oberkante bei ungefähr 341 m ü. NN. Die Schwarzerde liegt entweder unmittelbar über den würmeiszeitlichen Neckarschottern oder über gelbem Schwemmlehm beziehungsweise Hochflutlehm, der stellenweise die Würmschotter überdeckt (Abb. 27; 28). Die Schichtgrenze der Schwarzerde zu den sie überlagernden Kolluvien ist in der Regel nicht deutlich ausgeprägt. Bei der Ausgrabung des hallstatt- und frühlatènezeitlichen Gräberfeldes, ungefähr 200 m südwestlich der ältestbandkeramischen Siedlung, konnte als alte Oberfläche mit großer Wahrscheinlichkeit dieselbe Schwarzerde, eine um 30 cm mächtige Schicht, nachgewiesen werden. Die Oberkante liegt um 342,60 m ü. NN, etwa 1,5 m unter der heutigen Bodenoberfläche. Nicht geklärt ist, wie weit sich der Schwarzerdehorizont nach Südosten in die Talaue hinein erstreckt hat. Etwa 800 m südöstlich der ältestbandkeramischen Siedlung konnte im Industriegebiet „Siebenlinden II" eine schwarzerdeähnliche, auf Hochflutlehm aufliegende Bodenbildung beobachtet werden, in die eine Grube mit linearbandkeramischen Scherben der Stufe 3 nach Meier-Arendt eingetieft war (Abb. 24 Nr. 3; 25 Nr. 3). Die Oberkante dieses Bodenhorizontes liegt bei 341,10 m ü. NN, also nur wenig niedriger als die Schwarzerde in der ältestbandkeramischen Siedlung im Fröbelweg (Abb. 24 Nr. 1; 25 Nr. 1). Im Bereich der mesolithischen Stationen in der Talaue, etwa 750 m südöstlich der ältestbandkeramischen Siedlung, konnte die Schwarzerde nicht mehr nachgewiesen werden (Abb. 24 Nr. 4; 25 Nr. 4). Dort fand sich 340,60 m ü. NN eine in Hochflutlehme eingelagerte, um 25 cm mächtige mesolithische Kulturschicht. Ein spätmesolithischer Fundhorizont lag unmittelbar unter dem Pflughorizont (vgl. C.-J. Kind S. 49 ff).
Scheint es also nicht unwahrscheinlich zu sein, daß sich die Schwarzerde vom Hangfuß im Neubaugebiet „Lindele-Ost" bis weit nach Südosten in die Talaue hinein erstreckt hat, so bleibt die Frage, ob die Schwarzerde im Bereich der ältestbandkeramischen Siedlung in ihrer gesamten Mächtigkeit erhalten ist. Es fällt auf, daß die Pfostengruben, Wandgräbchen und hausbegleitenden Gruben in der Regel von

Abb. 27 Rottenburg am Neckar. Ältestbandkeramische Siedlung. 1 Humus. 2 Mittelalterliche und römische Kolluvien. 3 Schwarzerde. 4 Wandgräbchen. 5 Hausgrube. 6 Schwemmlehm. 7 Würmschotter.

der Oberkante der Schwarzerde aus nur bis zu 50 cm eingetieft sind, was im Vergleich mit Baubefunden aus anderen neolithischen Siedlungen sehr gering erscheint. Die geringe Eintiefung der Pfosten könnte auf eine leichte Bauweise hindeuten, was indes bei der Größe von Haus B (Abb. 26 B) nicht ganz plausibel erscheint. Geht man von einer tieferen Fundamentierung aus, bedeutet dies, daß zwischen 30 und 50 cm des Schwarzerdehorizontes wohl noch während des Neolithikums der Erosion zum Opfer gefallen wären, wenngleich bislang nirgendwo in der Talaue verlagerte ältestbandkeramische Scherben angetroffen werden konnten.

Zur Lösung dieser Fragen sind Fortschritte in der Erforschung kleinräumiger Erosions- und Sedimentationsvorgänge von großer Wichtigkeit. Unabdingbare Voraussetzung hierfür ist eine enge und zielgerichtete Zusammenarbeit zwischen Archäologen und Naturwissenschaftlern. Die Befundsituation im Neckartal um Rottenburg bietet die besten Voraussetzungen für zukünftige interdisziplinäre Forschungsarbeiten.

Hartmann Reim

Literatur

S. Albert, Zur jungsteinzeitlichen Besiedlung von Rottenburg. Der Sülchgau 29/30, 1985/86, 61 ff.

E. Bibus, Zur jungen Relief- und Bodenentwicklung in der Umgebung von Tübingen. Zeitschr. Geomorphol. N. F. Suppl. 56, 1985, 109 ff.

E. Bibus/W. Rähle, Geomorphologische Lage, Deckschichten und Molluskenführung letztinterglazialer Hochflutlehme im Neckartal (Baden-Württemberg). Eiszeitalter u. Gegenwart 36, 1986, 89 ff.

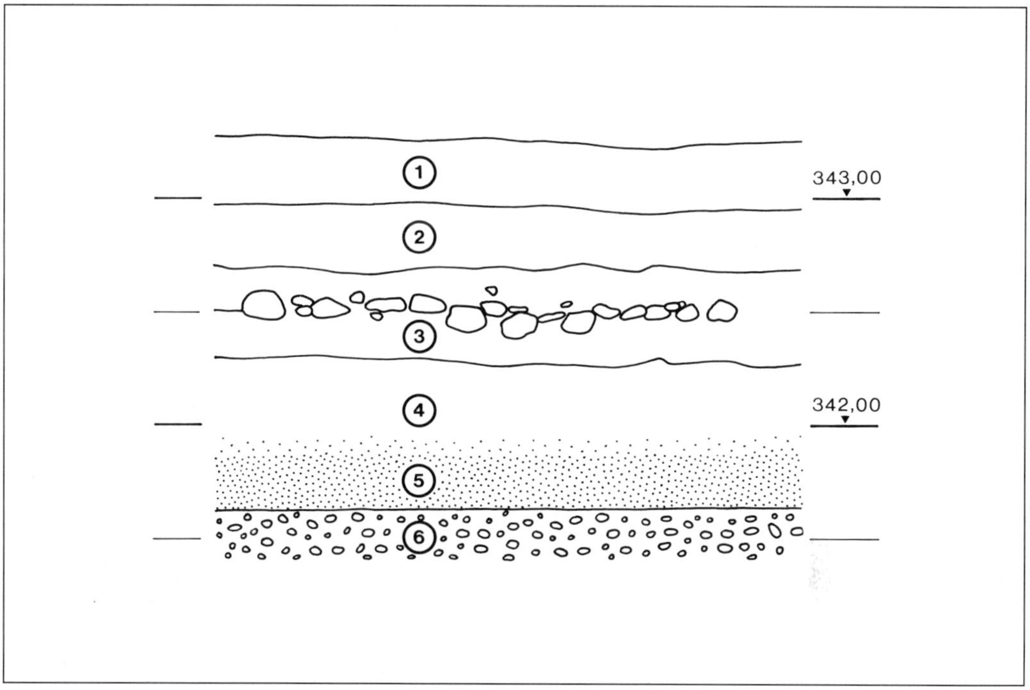

Abb. 28 Rottenburg am Neckar. Ältestbandkeramische Siedlung, Profilausschnitt. 1 Humus. 2 Mittelalterliche und neuzeitliche Kolluvien. 3 Römisches Straßenpflaster. 4 Vorrömisches Kolluvium. 5 Schwarzerde. 6 Würmschotter.

F. Huttenlocher, Geographischer Führer für Tübingen und Umgebung (Tübingen 1966)

H. Reim, Archäologische Forschungen im Neckartal bei Rottenburg a. N., Kreis Tübingen. Die Ausgrabungen in den Neubaugebieten „Lindele-Ost“ und „Siebenlinden“. Denkmalpflege in Baden-Württemberg. Nachrichtenbl. Landesdenkmalamt 20, 1991, 162 f.

Ders., Die ersten ^{14}C-Daten aus der ältestbandkeramischen Siedlung in Rottenburg a. N., Kreis Tübingen. Arch. Ausgr. Baden-Württemberg 1993, 31 ff.

E. Schwegler, Geologischer Bau. In: Der Landkreis Tübingen. Amtliche Kreisbeschreibung 1 (Tübingen 1967) 5 ff.

F. Wacker, Böden. In: Der Landkreis Tübingen. Amtliche Kreisbeschreibung 1 (Tübingen 1967) 101 ff.

Verzeichnis der Autoren

Dr. Rolf-Heiner Behrends, Landesdenkmalamt Baden-Württemberg, Abt. Archäologische Denkmalpflege, Außenstelle Karlsruhe

Dr. Jörg Biel, Landesdenkmalamt Baden-Württemberg, Abt. Archäologische Denkmalpflege, Stuttgart

Dr. Klaus E. Bleich, Universität Hohenheim, Institut für Bodenkunde und Standortlehre, 70593 Stuttgart

Dr. Bodo Dieckmann, Landesdenkmalamt Baden-Württemberg, Abt. Archäologische Denkmalpflege, Arbeitsstelle Gaienhofen-Hemmenhofen

Dr. Claus-Joachim Kind, Landesdenkmalamt Baden-Württemberg, Abt. Archäologische Denkmalpflege, Stuttgart

Andreas Lang (Dipl.-Geogr.), Forschungsstelle Archäometrie der Heidelberger Akademie der Wissenschaften, Max-Planck-Institut für Kernphysik, Postfach 10 39 80, 69029 Heidelberg

Prof. Dr. Jens Lüning, Johann Wolfgang Goethe-Universität, Seminar für Vor- und Frühgeschichte, Arndtstraße 11, 60325 Frankfurt am Main

Prof. Dr. Hartmann Reim, Landesdenkmalamt Baden-Württemberg, Abt. Archäologische Denkmalpflege, Außenstelle Tübingen

Dr. Hans Smettan, Landesdenkmalamt Baden-Württemberg, Abt. Archäologische Denkmalpflege, Stuttgart

Richard Vogt (Dipl.-Geol.), Landesdenkmalamt Baden-Württemberg, Abt. Archäologische Denkmalpflege, Arbeitsstelle Gaienhofen-Hemmenhofen

Abbildungsnachweis

Bild Titelseite und Abb. 11 bis 21 sowie 26 bis 28 Landesdenkmalamt Baden-Württemberg; Bild Rückseite O. Braasch, Landesdenkmalamt Baden-Württemberg; Abb. 24 und 25 Landesvermessungsamt Baden-Württemberg, Vervielfältigung genehmigt unter A. 5.11/1163, thematisch ergänzt durch den Autor; alle übrigen Abbildungen (Abb. 1 bis 10, 22 und 23), wenn nicht anders vermerkt, der jeweilige Autor.